Siegfried Bütefisch

Antijagd-Training und Erziehung

Ihr Hund sucht Antworten – geben Sie ihm Sicherheit!

Unerwünschtes Verhalten durch Verständnis, Konsequenz und mit bewusster Haltung dauerhaft verändern

Die Schäferhündin des Autors: Zuerst schwimmen, dann mit Spaß und vollem Tempo am Waldrand entlang – dabei jedoch jederzeit abrufbereit.

Autor und Hund beim Spiel: mit Lust, Konzentration und Energie!

Wichtiger Hinweis:

Wenn Sie mit einer bestimmten Intensität am Seil eines Flaschenzugs ziehen, können Sie schon mit wenig Physik die Wirkung berechnen.

Wenn Sie dagegen mit einer bestimmten Intensität an der Hundeleine ziehen, ein Kommando geben, loben oder spielen, hilft Ihnen Physik nicht weiter. Je nach Hund, Hundebesitzer und Situation wird die Wirkung eine völlig andere sein! Nutzen Sie deshalb bei allen Impulsen, die ich Ihnen gebe, Ihre Intelligenz Ihr Gefühl und Ihre Beobachtungsgabe!

Sie und Ihr Hund sind einzigartig!

Die Deutsche Nationalbibliothek verzeichnet diese Publikation in der Deutschen Nationalbibliografie, detaillierte bibliografische Daten sind im Internet über dnb.d-nb.de abrufbar.

1. Auflage 2016, 2. Auflage 2017 © 2016 Siegfried Bütefisch
Herstellung und Verlag: BoD – Books on Demand, Norderstedt
Umschlag, Layout, Fotos und Illustrationen: Siegfried Bütefisch, www.buetefisch.de
ISBN 978-3-7341-289101

Das Buch:

Mensch und Hund – eine jahrtausendalte Beziehungs- und Erfolgsgeschichte.

Doch diese Beziehung scheint schwieriger geworden zu sein. Die Anzahl an Ratgebern, Hundeschulen und Trainingsphilosophien explodiert und die Diskussionen um den einzig richtigen Ausbildungsweg werden immer unversöhnlicher ausgetragen. Aber nicht der Hund, sondern der Hundehalter ist komplizierter geworden: zu viel Kopf, zu wenig Gespür; zu viel Dogmen, zu wenig Flexibilität; zu viel Unsicherheit, zu wenig Führung. Machen Sie es sich und Ihrem Hund einfacher. Führen Sie durch klare Haltung – und alles, was sonst noch wirkt!

Dann kann Ihr Hund bald (wieder) wegen guter Führung zu Ihrem freilaufenden Begleiter werden.

Der Autor Siegfried Bütefisch:

... verdient seine Brötchen und das Hundefutter als Dipl.-Graphik-Designer sowie als Dozent und Trainer im Bereich der Kommunikation.

... hält und trainiert seit über 30 Jahren Hunde als Alltags-, Reit- und Wanderbegleiter sowie als Sportpartner;

... ist fasziniert von den Ähnlichkeiten und Unterschieden in der Kommunikation zwischen Mensch-Hund, Mensch-Mensch, Hund-Hund – und nutzt diese Erfahrung gezielt für die Ausbildung;

... weiß um die „Macht der Haltung" als Schlüssel für eine faire Beziehung und verständliche Kommunikation;

... plädiert für individuelle Wege zum Ziel: Mehr Freiheit und (Lebens)freude durch sechs Beine in Verbundenheit und klare Regeln!

Warum dieses Buch
Weil jagende oder unzuverlässige Hunde das Leben schwer machen   6

Mut zu einer neuen Beziehung
Ein Hundebuch? Ja, und vor allem ein Menschenbuch!   9
Zu Ihrer Motivation und Ihren Zielen   14

Begriffe, die Sie kennen sollten
Je klarer die Sprache, umso besser das Verständnis   18

Wie verbringen Sie Zeit mit Ihrem Hund?
Beziehung braucht gemeinsame Unternehmungen   32
Alltag – Erziehung gelingt nicht nebenbei   32
Spiel – mehr als Lust und Tollerei   35
Sport – ein gemeinsames Hobby   40

Führen durch Haltung
Haltungen: die Muttersprache jedes Hundes   43
Mut zur eigenen Haltung, offen für andere   46
Führung und Beziehung   49

Bedürfnisse
Bedürfnisse sind Antreiber – für Sie und Ihren Hund 51
Eine gute Beziehung stillt Bedürfnisse 54

Erregung erkennen, Erregung steuern
Vermeiden Sie den roten Bereich 58
Im grünen Bereich ist die Welt in Ordnung 61

Stimmt der Deal?
Ihr Hund wägt ab – ähnlich wie Sie 65

Ihre Möglichkeiten, Wirkung zu erzielen
Lob und Strafe etwas genauer betrachtet 72
vier Möglichkeiten der Einwirkung 78

3-Wochen-Programm
Von nix kommt nix 85
1. Woche: Grundlagen 90
2. Woche: Bindung und Vertrauen stärken 97
3. Woche und länger: Deal-Situationen üben 103

Zuletzt
Viele Gründe für ein Danke 110

Zuallerletzt
Platz für Ihre wichtigsten Erkenntnisse 111

Im Wegestaub und letzten Abendlicht:
Auch Selbstbeschäftigung und Entspannung muss sein!
Die ständige Verbindung durch die „geistige Leine" erlaubt
Freiheiten und macht ständigen Kontrollzwang überflüssig.

Warum dieses Buch?

Weil jagende oder unverlässige Hunde das Leben schwer machen!

Diesen Stress kennt jeder Hundehalter – auch ich!

Ein Hund, der in wichtigen Situationen nicht gehorcht, gefährdet sich selbst und andere. Das macht den Freilauf für jedes Frauchen und Herrchen stressig. So ging es mir auch vor über 30 Jahren, nachdem mein Hund neben einer Schnellstraße einen Hasen jagte. Zum Glück ist es gut gegangen! Seitdem habe ich viele Hunde trainiert – eigene und fremde, große und kleine, einfache und schwierige. Und von den schwierigen, damit meine ich Hunde, die stark triebgesteuert sind und (zu)viel Energie haben, habe ich am meisten gelernt.

Dieses Buch ist für alle geschrieben, die sich nicht damit zufrieden geben, dass ihnen ihr Hund in bestimmten Situationen immer wieder den „Stinkefinger" zeigt und einfach tut, was er möchte. Obwohl er doch sonst so vieles kann und ein ganz lieber ist – daheim, auf dem Hundeplatz, mit der Schleppleine, ...
Der Weg zu einem zuverlässigen Hund beginnt damit, sich selbst und seine Haltung zu hinterfragen – damit ist sowohl die innere Einstellung und die Körperhaltung – als den größten Einflussfaktor auf die Beziehung Mensch-Hund zu begreifen! Dazu wird Ihnen dieses Buch viele Impulse geben. Ich nehme den Mund nicht zu voll, wenn ich behaupte:

Hunde können verlässlich werden – schneller als Sie denken!

Ein Gedanke zum Hundetraining

Wer mit offenen Augen, Neugierde und Ambition in der Hundeszene unterwegs ist, lernt viele Trainingsmethoden, Menschen und Hunde kennen. Man sieht

Faszinierendes genauso wie Unschönes. Wer schon länger „hundelt" und sich dazu Gedanken macht, erkennt, dass die Ausbildung der Hunde schon immer ein Spiegel der Zeit, der persönlichen Haltung und der Hunde gewesen ist. Wenn Pflicht, Härte und Gehorsam das Weltbild prägen, geht man mit dem Hund anders um als in einer Zeit des Laisser-faire, um nur zwei Extreme herauszugreifen. Genauso weit auseinander liegen die Ansichten darüber, was ein „guter Hund" ist. Früher für viele und heute nur noch für wenige ist es der wehrhafte Wächter, der starke, selbstbewusste, zur Aggression fähige Hund. Die wenigen Rassen und Hundecharaktere, die das noch mitbringen, werden heute von vielen als gestört und verhaltensauffällig betrachtet – zurecht, wenn Sie (noch) nicht gut erzogen und sozialisiert sind. Dabei lehren einem gerade diese Hunde, dass Hunde prinzipiell Raubtiere sind und eine klare Führung bedürfen. Der „gute Hund" ist heute überwiegend der Hund, der keiner Fliege etwas zu leide tut – und sich am besten nebenbei noch selbst erzieht. Ein Hund, der als fröhlicher Spielkamerad gesehen wird. Aber wenn er dann doch z. B. beim Jagen, Raufen oder Fressen von Unrat natürliches Raubtierverhalten zeigt, stehen viele ihrem vierbeinigen Freund hilflos gegenüber.

Nun ein Blick auf die Erziehungsmethoden früher und heute: Der Klaps mit der Zeitung, die Nase in den Kot stecken für Stubenreinheit und der Leinenruck gegen das Leineziehen kommen aus einer Zeit, in der man nicht viel wusste und oft auch nicht viel wissen wollte über Motivation beim Trainieren. Doch sind viele Hunde, mit den alten Methoden (ohne Leckerli und Ball!) angenehm im Umgang und verlässlich geworden. Despoten, grobe Menschen, misshandelte Hunde gab es leider natürlich auch. Heute erlebe ich, nicht nur als Übungsleiter, das andere Extrem. Mann/Frau ist verunsichert. Was darf man tun, ohne dass die Hundeseele nachhaltig Schaden nimmt? Auch diese Einstellung hat negative Folgen. Nämlich ängstliche, verunsicherte Hunde mit wenig Bindung und Gehorsam. So vertraut man lieber aus vermeindlicher Tierliebe dem teuren Tierpsychologen oder Hundeguru, statt selbst die Verantwortung zu übernehmen und seinen Hund mit Bauchgefühl und Intelligenz zu erziehen. Fakt ist: Ein Hund, der nicht lernt, was gewünscht und unerwünscht ist, ist zum Leinenknast verurteilt! Hunden geht es gut, wenn sie Ihre Raubtierwurzeln ausleben dürfen – innerhalb klarer Grenzen. Dazu haben wir beste Voraussetzungen: Wir wissen mehr denn und nehmen uns Zeit für unseren Hund. Machen wir etwas daraus!

Erziehung kann nicht durch Tierliebe ersetzt werden!

Und etwas dürfen Sie nie vergessen: Hunde sind verschieden, und nicht alles können Sie beeinflussen! Ungefähr zu einem Drittel bestimmen die Erbanlagen! das Wesen Ihres Hundes! Sonst würde Hundezucht auch gar keinen Sinn machen. Ein späterer Polizeidiensthund ist schon als Welpe anders als ein knuffliger Familienhund, der sich selbst über einen Einbrecher freut. Unterschiede in den Erbanlagen bestehen sogar zwischen Geschwistern. Sonst würden sich ja alle Welpen aus einem Wurf gleich aussehen, das gleiche Geschlecht und einen ähnlichen Charakter haben! Konzentrieren Sie sich deshalb auf die Dinge, die Sie beeinflussen können – auf die Sozialisation, die Erziehung und das Training.

Noch ein Wort zur zweiten Auflage und einem neuen Buch

Dieses Buch wurde im Herbst 2016 mit der heißen Nadel gestrickt – als Zusammenfassung, auf was ich als Trainer wert lege. Ich habe mich sehr gefreut, dass dieses Buch zum Bestseller geworden und ich viele positive Resonanz erfahren habe – trotz einiger Schreibfehler.

Jetzt 2017, ein Jahr später, habe ich das Buch an einigen Stellen überarbeitet, um manches noch klarer zu machen. Beim Überarbeiten merkte ich, dass es noch so viele Dinge gibt, die eigentlich zu sagen wären, so viele Dinge, die das Training erfolgreicher machen, die Beziehung zum Hund vertiefen und den Hund motivieren und intelligenter machen. So schreibe ich gerade an einem neuen Hundebuch „Hundeerziehung und -ausbildung" das hoffentlich über den Winter fertig wird und Anfang 2018 erscheint. Dieses Buch geht weit über Erziehungsthemen wie das Antijagdtraining hinaus. Um was es geht, können Sie schon auf der folgenden Internetseite erfahren:

www.hundeerziehung-ausbildung.de

Nun wünsche ich Ihnen viel Spaß beim Lesen und noch mehr Spaß beim Ausprobieren der Trainingsideen.

Mut zu einer neuen Beziehung

Ein Hundebuch?
Ja, aber vor allem ein Menschenbuch!

Dieses Buch ist ein Büchlein – und anders

112 Seiten reichen – denn es geht „nur" um Verlässlichkeit Ihres Hundes im Alltag. Ich verzichte auf alles, was Sie in vielen Hunderatgebern schon finden: z. B. Trainingstipps, wie Sie im Hundesport aufs Treppchen kommen; auf viele hübsche, farbige Hundebilder; auf Grundlagenwissen über Körpersprache; auf nette Fallgeschichten und andere wissenswerte und nette Dinge. Auch verzichte ich weitgehend darauf, Erkenntnisse der „modernen" Verhaltensforschung als Argument heranzuziehen. Zu oft widersprechen sich diese „Beweise" – und Erkenntnisse sind nie „Wahrheit", sondern immer nur Beschreibungen der Realität. Selbst eine noch so gute Landkarte ist nicht die Landschaft! Es hilft Ihnen wenig, wenn Sie viel zu wissen glauben, Ihr Hund sich aber anders verhält (vielleicht nicht „modern") und Sie ihn nicht verstehen. Mit diesem Buch möchte ich Sie motivieren, sich und Ihren Hund genauer kennenzulernen. Dazu stelle ich Ihnen konkrete „Aufgaben", ähnlich wie ich es beim gemeinsamen Training machen würde. Deshalb fordere ich Sie immer wieder auf, nachzudenken oder etwas Bestimmtes zu tun. Stören Sie sich bitte nicht an den „klaren Ansagen" und direkten Aufforderungen. Gerade weil viele Wege zum Ziel führen, ist Eindeutigkeit wichtig. „Schritt für Schritt, so einfach wie möglich, ohne rosarote Brille" – das hilft Frau, Mann, Hund und Hündin nicht nur im Training. Deshalb an dieser Stelle gleich ein Wort an die „Frauchen": Fühlen Sie sich bitte von der männlichen Anredeform (entsprechend meine ich ebenso die Hündin, wenn ich vom Hund spreche) herzlich angesprochen. Das macht Formulierungen kürzer und klarer. Und das ist wichtig: denn Probleme mit dem Hund sind Kommunikationsprobleme – der Mensch denkt meist zu kompliziert und fühlt sich zu wenig ein.

Hunde „ticken" einfacher – wenn wir es dem Hund einfach machen.

Beispielsweise einfacher durch ein häufiges „Ja" („Das möchte ich haben") und durch ein seltenes, absolut klares „Nein" („Das lässt Du jetzt bleiben!"). „Nein" wird im Buch als Synonym für ein sicheres Abbruchkommando verwendet. Abbruchkommando heißt, der Hund bricht sein Verhalten augenblicklich ab. In der Realität hören viele Hunde dagegen meist ein weichgespültes „Nein" und halbherziges „Ja" – beides mit der Bedeutung „Jein"! Das ist für jeden Hund unklar und damit unfair. Genauso unfair wie lebenslanger Schleppleinenknast, nur weil Herrchen, Frauchen und zu viele Trainer bedingungslose Sanftheit und falsch verstandene Partnerschaft zum Ausbildungs-Dogma erhoben haben. Wenn ich Sie mit solchen Aussagen provoziere, ist das gewollt. Denn wenn Sie das Verhalten Ihres Hundes ändern wollen, müssen Sie Ihre bisherige Haltung überdenken und verändern. Dann dürfen Sie sich nicht länger auf (Ratgeber-)Theorie verlassen. Der Weg zu einem verlässlichen und lebensfrohen Hund führt über Beobachtungsgabe, Bauchgefühl und gesunden Menschenverstand. Und es darf nicht beim Lesen und Denken bleiben – Sie müssen etwas tun!

In diesem Buch geht es vor allem um Sie – es geht um Ihre Haltung als Schlüssel für die Qualität der Mensch-Hund-Beziehung!

Es geht um Ihre innere Haltung. Es geht um Ihre Körperhaltung, die Ihre innere Haltung spiegelt. Es geht um eine Haltung, die Sicherheit und Führungsstärke ausstrahlt. Ihr sicheres Auftreten macht Ihren Hund sicher! Statt zu locken und bitten, statt an der Leine zu zerren, statt Ihrem Hund zu drohen oder ihn vollzutexten, geben Sie Ihrem Hund mehr und mehr, was er von Ihnen erwartet: klare Führung durch klare Signale und eine Beziehung, die seinen „tierischen" Bedürfnissen entspricht. Der Humorist Corey Ford sagte:

„Wenn man Menschen gut erzieht, kann er der beste Freund des Hundes werden."

Ihr Hund ist normal, wenn er seine Triebe ausleben möchte. Es ist aber genauso normal, wenn Sie Ihrem Hund Regeln geben und klare Grenzen setzen. Nur so können Sie Ihrem Hund Freiheiten erlauben, die ihm bis heute wahrscheinlich noch vorenthalten sind. Ziehen Sie aus diesem Buch heraus, was für Sie passt, und lassen Sie sich jetzt durch ein untypisches Hundebuch inspirieren …

Mögen Sie „heile" Welt?

Sicherlich. Aber erwarten Sie nicht nur heile Welt in der Beziehung zu Ihrem Hund. Genauso wenig, wie die Mensch-Mensch-Beziehung ist die Mensch-Hund-Beziehung zu jeder Zeit perfekt. Kein Lebewesen lebt ein Leben ohne Hochs und Tiefs. Und das ist sogar gut! Die Verhaltensforschung belegt es genauso wie die Psychologie:

Ein „lauwarmes" Leben ohne Herausforderungen, Reibungspunkte und Konflikte macht krank – genauso wie ein Leben im Dauerstress.

Sie müssen Ihren Hund nicht in Watte packen! Sie dürfen völlig ausgelassen mit Ihrem Hund spielen und Spaß haben! Sie dürfen (unbewusst) Fehler machen, denn Sie werden sie nicht vermeiden können! Sie dürfen Ihren Hund lieben und sich richtig über ihn ärgern. Vor allem: Sie dürfen Ihren Willen durchsetzen! Wenn ein Kind über die Straße rennen möchte, denken Sie nicht an den „richtigen Griff oder Kniff" um es davon abzuhalten. Sie handeln hoffentlich geistesgegenwärtig, entschlossen und wirkungsvoll. Deshalb dürfen, nein, besser müssen Sie sich in der Hundeerziehung trauen, Dinge einfach aus dem Bauch heraus spontan zu tun – wenn Sie bereit sind, über die Wirkung nachzudenken. So finden Sie das rechte Maß!

Überlegen Sie: *Wie seriös und glaubhaft würden Sie es finden, wenn Ihnen jemand eine Theorie „verkaufen" möchte, um eine Paarbeziehung stets harmonisch und ohne Konflikte zu gestalten? Würden Sie ein Buch lesen, in dem sich nach fünf Seiten alle für die nächsten 200 Seiten glücklich in den Armen liegen? Wie spannend würden Sie einen Film finden, bei dem es keine Spannung gäbe?*

Geben statt Nehmen

Sie müssen Ihrem Hund etwas geben: mehr als Futter und Ball, mehr als eine weiche Decke und Streicheleinheiten. Wie gerade gesagt – Ihr Hund erwartet von Ihnen Sicherheit, Klarheit, Respekt und „spannende Abenteuer", sonst sucht er sich eigene. Welche, die Sie nicht möchten. Die Balance zwischen Geben und

Nehmen, für die gegenseitige Erfüllung von Bedürfnissen ist Grundlage jeder guten Beziehung. Und denken Sie immer daran: Ihr Hund hat andere Bedürfnisse als Sie. Sie möchten sich nicht mit Aas parfümieren, er nicht ins Kino. Genauso erwartet Ihr Hund von Ihnen eine andere Form des Respekts, eine andere Art von Sicherheit. Einen Futterbeutel als Ersatz für einen Hasen anzubieten, spricht nicht für Ihr Verständnis für seine Bedürfnisse. In diesem Buch finden Sie Trainingstipps, gemeinsame Bedürfnisse zu erkennen, zu finden und zu teilen – als Basis einer tragfähigen und fairen Team-Beziehung. Diese wird nicht demokratisch (leben Sie diese Form der Partnerschaft in Ihren Mensch-Mensch-Beziehungen!) und partnerschaftlich auf Augenhöhe sein! Sonst müssten Sie künftig gemeinsam jagen, Jogger anfallen und an Hinterteilen riechen. Hund ist Hund und nicht Mensch im hübschen Pelzmantel! Ihre Rolle ist es, Ihrem Hund das zu geben, was er von seinen genetischen Wurzeln her braucht: Einen verlässlichen Sozialpartner, dessen Kommunikation er versteht und auf dessen Wissen und Gespür für seine tierischen Bedürfnisse, er sich verlassen kann. Deshalb ist es schlau, dass Sie Ihrem Hund für seine natürlichen Triebe, die er aus Gründen der Sicherheit und Sozialverträglichkeit nicht ausleben darf, Ersatz bieten. Diesen Ersatz als wichtigen Teil Ihrer Beziehung schmackhaft zu machen, ist der Trick erfolgreicher Erziehung. Gelingt Ihnen das, werden Sie mehr Freude an Ihrem Hund haben – im Alltag ebenso wie im Hundesport!

Nebenbei werden Ihnen einige Dinge klar werden, die Ihnen dabei helfen, Kommunikationsprobleme unter Zweibeinern zu lösen. Denn so verschieden Mensch und Hund sind – es gibt viele Gemeinsamkeiten. Sonst wäre nicht gerade der Hund zum engsten tierischen Begleiter des Menschen geworden. Für Hund und Mensch gilt:

Die Wirkung unserer Kommunikation hängt in hohem Maße von der Qualität unseres Auftretens ab – und ob es uns gelingt, Bedürfnisse zu befriedigen!

Erfolgreiches Hundetraining hat deshalb viel mit Ihrer Persönlichkeit zu tun. Ihr Hund gibt Ihnen unmittelbar Feedback auf Inkonsequenz, Unklarheit in der Kommunikation, Unsicherheit sowie zu wenig Empathie und Präsenz. Weitaus direkter und ehrlicher als Ihr Umfeld. Sie lernen viel über sich, Ihre Körpersprache und Stimme. So wird Ihr Hund Ihr ehrlicher 4-beiniger Personal-Trainer für mehr Ausdrucksstärke! Je ausdrucksstärker Sie ein „Ja, super gemacht" und ein „Das war nichts" ausdrücken können, umso schneller kommen Sie voran.

Überlegen Sie: *Wie gerne sind Sie mit Menschen zusammen, die wenig geben, dafür aber ständig kritisieren, meckern und Nein, Nein, Nein sagen. Wie, glauben Sie, geht es einem Hund damit?*

Experiment: *Übertreiben Sie, aber nicht nur ein bisschen, sondern richtig! Werden Sie gegenüber Ihrem Hund mal lauter, mal leiser, mal sanfter, mal entschlossener. Sprechen Sie mal weich und hoch, mal böse knurrend tief. Machen Sie sich mal lockend klein, mal bedrohlich groß (Sie denken, das darf man nie? Mehr zum Meideverhalten später). Durch diese Übungen werden Sie plötzlich glaubhaft für Ihren Hund. Übrigens: Schreien müssen Sie nicht – Ihr Hund hat gute Ohren, auch wenn er in bestimmten Situationen (noch) nicht auf Sie hört.*

Ja, Sie brauchen Selbstbewusstsein dazu, mehr Schauzuspielern. Aber was ist Ihnen wichtiger? Dass Ihr Hund Sie besser versteht, oder dass Sie vielleicht verwundert angeschaut werden? Oft werden aus verwunderten Blicken schnell bewundernde, wenn Ihr Hund perfekt gehorcht. Diese Übertreibung im Ausdruck ist besonders wichtig in der Übungsphase, beim Vermitteln, was Sie überhaupt wollen. Hunde untereinander kommunizieren überwiegend über ihre Körpersprache – und diese Signale werden deutlich und ausdrucksstark gegeben!

Vieles, was Ihr Hund zeigt und Sie nicht mögen, haben Sie ihm gelernt

Ein Hund lernt schnell: einige Male etwas getan und kein Signal bekommen, ob dieses Verhalten erwünscht oder unerwünscht ist, und schon entscheidet künftig er – und zwar nach seinen Bedürfnissen. Hunde fragen andauernd ab. Auf diese Abfragen müssen Sie klare, unmissverständliche Antworten geben.

Ihr Hund erwartet von Ihnen Führung und Antworten – selbst dann, wenn wenn Sie gerade nicht mit Herz und Kopf bei der Sache sind.

Das ist anstrengend! Hundeerziehung geht nicht nebenbei. Ach, wie schön wäre doch heile Welt. Wie schön wäre doch ein Hund, der einfach versteht, wie gut ich es mit ihm meine – und er aus Dankbarkeit dafür auf alle Unarten künftig verzichtet. Aber es ist wie, es ist. Ihr Hund tickt anders. Sie müssen sich anstrengen, um das Verhalten Ihres Hundes zu formen.

Klar, Sie haben oft anderes zu tun als Hundeerziehung. Dann sorgen Sie in dieser Zeit dafür, dass er nichts anstellen kann, was Sie nicht möchten! Erst, wenn gewünschtes Verhalten gefestigt ist, können Sie Ihren Hund wieder (zeitweise) aus den Augen und aus dem Sinn lassen. Aber sicher gefestigt ist sein Verhalten erst dann, wenn er es an jedem Ort auch unter Ablenkung zeigt. Ohne dass Sie mit Ball, Futter oder sonst etwas locken müssen.

Überlegen Sie: *Hand aufs Herz – wie oft vernachlässigen Sie Ihre Führungsaufgabe. Wie oft nehmen Sie Ihren Hund lieber an die Leine oder lassen Ihn schlampern, statt ihn voller Konzentration an der „geistigen Leine" zu halten.*

Zu Ihrer Motivation und Ihren Zielen

Welchen Grund haben Sie, dieses Buch zu lesen?

Sie lesen dieses Buch nicht grundlos. Sie möchten vielleicht einfach Ihren Hund von der Leine lassen können. Sie möchten Ihre Nerven schonen. Sie möchten, dass Ihrem Hund und anderen nichts passiert. Sie möchten ...

Schreiben Sie auf: *Was möchten Sie konkret? Was muss sich verändern, damit Ihr Hund (noch mehr oder endlich) zu Ihrem „Traumhund" wird? Seien Sie froh, dass Ihr Hund nicht perfekt ist. Sie sind es auch nicht! Zudem wäre es langweilig, und über die Erziehung bauen Sie Bindung und Verständnis auf. Überprüfen Sie Ihren Aufschrieb (bitte wirklich machen!) nach der Lektüre dieses Buches. Sie werden Ihre Ziele dann sicher mit einer anderen Haltung sehen – wenn nötig, passen Sie Ihre Ziele an! Überprüfen Sie diese Ziele nach zwei Wochen, nach zwei*

Monaten und einem halben Jahr. Dann erkennen Sie, ob Sie auf dem richtigen Weg sind und wie sich Ihre innere und äußere Haltung verändert hat! Klare Ziele sind wichtig: Denn sie sind der Gradmesser für die Qualität Ihres Trainings und geben Ihnen zugleich die Richtung vor.

Mehr als tausend Wege führen zum Ziel – und auch nicht!

Wahrscheinlich haben Sie noch immer nicht das gefunden, was Sie suchen, um Ihrem Hund ein bestimmtes Fehlverhalten wie z. B. das Jagen abzugewöhnen. Warum eigentlich? Der Hundemarkt bietet doch alles: Bücher, Videos, Hundeschulen, Hundesportvereine und Hundetrainer jeder Art; es gibt sogar Hundegurus und Hundepsychologen, welche die ultimative Methode versprechen und behaupten, sie haben die Hundeerziehung revolutioniert – und manchmal haben diese „Experten" nicht einmal selbst (mehr) einen Hund!

Leider widersprechen sich die Ratschläge: Für den einen ist Bestätigung mit Futter das „No go"; eine andere schwört auf den Futterbeutel; einer sieht im Clicker die einzige Methode, eine dekoriert den „Würstchenbaum", einer spielt heulend den Leitwolf und zu viele sind noch immer dumm gewalttätig und bilden mit Schuhgröße 46 aus. Auch spezielle Ausrüstung gegen Ungehorsam lässt sich gut verkaufen: Es gibt Wurfdiscs und -kissen (früher reichte dafür die Hundeleine), Spritzpistolen und Sprays – sogar mit Zitronenduft, besondere Halsbänder, Geschirre und Leinen (erstaunlich: an der Schleppleine benimmt sich mein Hund, aber wenn ...). Wer es technischer mag, funkt mit Sprüh- und Signalhalsbändern oder verbotenerweise mit Reizstrom. Manche sehen das Heil in einer speziellen Ernährung (mit Ziegenfleisch jagt es sich weniger und blutiges Fleisch macht den Hund scharf – schon ausprobiert?) und vertrauen auf Bachblüten – währenddessen bleibt der Hund an der Schleppleine – jahrelang. Es gibt nichts, was es nicht gibt, und täglich kommt Neues dazu – mehr oder weniger (pseudo)wissenschaftlich begründet. So urinieren manche höher am Baum als ihr Rüde, und andere lassen Klangschalen klingen. So abstrus diese Dinge sein mögen: Glauben wir einmal an das Gute im Menschen und nicht nur an den Geschäftssinn – manche müssen und wollen ja davon leben, was sie erzählen und verkaufen. Vielleicht hat sogar selbst die abwegigste Methode schon Hund und Hundebesitzer geholfen. Auch Plazebos wirken, und der Glaube versetzt nicht nur Berge, sondern verändert garantiert unsere Haltung zu den Dingen. Vergessen dürfen wir auch nicht: Auf dem Weg zum Ziel, sei es noch so fern und unerreicht, haben nicht wenige ihr Hobby, ihren Glauben Ihren Partner oder Hundeguru gefunden. Das ist schön – nur dem Hund hilft es meist wenig.

Was für den einen passt, kann für den anderen grundfalsch sein

Das Problem liegt meiner Meinung und Erfahrung nach ganz woanders. Jeder Hund, jede Rasse, jeder Besitzer ist grundverschieden. Eigentlich müsste es einleuchten, dass es einen Unterschied macht, ob ich eine Zwei-Kilo-Schoßhund-Dame oder einen kernigen 40-Kilo-Schäferhundrüden ausbilde; ob ich eine zarte Persönlichkeit oder ein Bär von einem Mann bin; ob ich einen Draht zu Tieren habe oder noch nicht. Es wird viel zu viel verallgemeinert und hineininterpretiert! Es hat einen Einfluss, wer wir sind und was wir tun – und welchen Hund wir haben und haben wollen. Wir werden unseren Hund immer prägen durch „Wattebäuschchen", „harte Hand" oder ein situationsgerechtes Verhalten. Verschiedene Prägungen sind je nach „Gebrauch" des Hundes sogar erwünscht. Von einem Jagdhund, der selbst vor einem wehrhaften Dachs nicht zurückweicht, oder von einem Schutzhund erwartet man zurecht mehr Biss und Härte, als von einem Hund, der im Dog-Dance brilliert. Dabei können beide Hunde fair, tierschutzgerecht und gut ausgebildet sein – oder auch nicht. Trainingsmethoden müssen immer dem Ziel, der Aufgabe und dem Wesen des Hundes gerecht werden. Auch Menschen werden im Boot-Camp anders geprägt als im Stuhlkreis. Verzichten wir doch auf das vorschnelle Werten von „anders": Ein Feuerwehrmann braucht andere Talente als ein Friseur und die Ausbildung ist entsprechend. Dennoch wird die Diskussion über die richtige Methode, über das Richtig und Falsch leidenschaftlich und hitzig geführt. Nicht selten wird die notwendige Diskussion über Trainingskonzepte zum fundamentalistischen Glaubenskrieg. Paradox dabei: Aggressiv und intolerant werden auch die, die sonst für Gewaltfreiheit und Toleranz stehen. Statt sich anzuschauen, welches Gesamtbild das Team Mensch-Hund abgibt, wird geurteilt – ohne den Hund und den Hundeführer und dessen Vorgeschichte zu kennen. Bezeichnend in diesem

Zusammenhang: Ein namhafter Verlag für Hundebücher hatte zunächst großes Interesse, dieses Manuskript zu veröffentlichen. Notwendig wäre aber gewesen, einige Passagen weichzuspülen, um genau diese Glaubenskriege nicht anzuheizen. So sind für mich Leserurteile immer spannend. Besonders von denen, die urteilen, bevor sie die Dinge selbst ausprobiert haben und mich nicht kennen.

Überlegen Sie: *Sind Sie bereit, Ansichten aus Büchern und Diskussionen zu überdenken? Sind Sie bereit, unvoreingenommen zu experimentieren und zu beobachten, was dann geschieht?*

Sicher ist: Hunde interessieren sich nicht für Diskussionen über Ausbildungsmethoden, Hunde reagieren einfach! Auf Sie und Ihre Haltung! Der Hund liest Ihre Körpersignale, Ihre Ängste, Ihre Entschlossenheit. Ihr Hund nimmt sich die Freiheit, darüber zu entscheiden, ob Ihr Lob oder Ihr Nein für ihn Bedeutung haben oder nicht. Auch Bindung und Vertrauen können Sie nicht erzwingen, sondern nur das Umfeld dafür bereiten. Am Ausdruck Ihres Hundes können Sie am besten ablesen, ob es ihm mit Ihnen gut geht. Nicht an dem, welche Bücher Sie gelesen haben und welches Ausbildungskonzept gerade angesagt ist.

Der Hund zeigt durch sein Verhalten die Wirksamkeit und Fairness Ihrer Erziehungs- und Trainingsmethoden.

Wenn das Verhalten Ihres Hundes nicht Ihren Zielen entspricht, liegt es an Ihnen, Ihr Verhalten zu verändern – passend zur Ihrer Persönlichkeit und der Persönlichkeit Ihres Hundes. Ich wünsche Ihnen, dass dieses Buch Ihnen die notwendigen gedanklichen und praktischen Anstöße gibt, um mit neuen Ideen und einer flexibleren Haltung Ihren Hund zu erziehen.

„*Wer als Werkzeug nur einen Hammer hat, sieht in jedem Problem einen Nagel.*"

Je mehr Handlungsmöglichkeiten Sie haben und nutzen, umso leichter wird es Ihnen fallen, Ihrem Hund das Jagen und andere unerwünschte Verhaltensweisen abzugewöhnen bzw. über gutes Gehorsam zu steuern. Viel Spaß dabei: beim Beobachten, beim Experimentieren und beim darüber Freuen, wie sich nachhaltig Veränderungen einstellen.

Begriffe, die Sie kennen sollten

Je klarer die Sprache, umso besser das Verständnis

Gegenseitiges Verständnis ist die Basis für ein harmonisches Mensch-Hund-Team. Aber Worte bergen immer das Risiko, missverstanden zu werden. Deshalb einige Begriffserklärungen, die Ihnen Ihr Training und das Verständnis dieses Buches erleichtern. Überblättern Sie dieses Kapitel nicht – selbst, wenn Sie die Begriffe kennen. Denn es ist schon „gewürzt" mit Trainings-Impulsen.

Hundeerziehung, Hundeausbildung, Hundetraining

Diese Begriffe werden zu oft in einen Topf geworfen. In der Erziehung gelten etwas andere Ziele als in der Ausbildung bzw. im Training. Hundeerziehung ist die unverzichtbare Grundlage dafür, dass der Hund mit mir kooperiert, eine Beziehung aufbaut und gut sozialisiert wird – so, dass wir uns mit unserem Hund mit gutem Gewissen aus dem Haus trauen können. Dazu muss der Hund nicht viel können: „Super, richtig gemacht", „Hopp, ins Auto", „Komm her", „Warte da", „Legt dich hin", „setz dich hin", „Lass das". Wenn diese Kommandos, die nicht in einem lauten, unfreundlichen Kommandoton gesagt werden müssen – im Gegenteil – befolgt werden und Sie beide sichtbar miteinander glücklich sind, besitzen Sie den perfekten Alltagshund. Hundeausbildung ist dagegen Spezialtraining. Egal ob Sie Tricks üben oder für eine bestimmte Hundesportart üben: In der Ausbildung lernt ein Hund, in freudiger Erregung bestimmte Dinge zu tun. Die Qualität und Schwierigkeit der Übungen lässt sich dann an der Exaktheit, der Schnelligkeit und der Ausstrahlung messen. Hundeerziehung ist vergleichbar dem Grundwortschatz – Hundeausbildung ist je nach Ambition dann der Aufbauwortschatz bis hin zur Meisterschaft. Je mehr Meisterschaft angestrebt wird, umso wichtiger ist es, den Hund hervorragend zu motivieren und das Training professionell zu gestalten. Das erfordert viel Zeit, stets volle Konzentration und Leistungsbereitschaft – von Mensch und Hund.

Ruhe, Gelassenheit

Diese Eigenschaften und Verhaltensweisen kommen in unserer hektischen Gesellschaft in vielen Bereichen zu kurz. Ruhephasen sind notwendig um nach Aktivität wieder ins Gleichgewicht zu kommen. Wissen Sie, dass es Tage dauern kann, bis Stresshormone wieder abgebaut sind? Man sagt zurecht:

In der Ruhe liegt die Kraft!

Diese Kraft spürt auch Ihr Hund. Gefühle werden übertragen, das zeigt gerade die Spiegelneuronenforschung. Viel zu viele Hundehalter denken, ihre Hunde müssen andauernd beschäftigt und bewegt werden. Falsch. Ruhe tut gut. Wenn Sie in der Lage sind, Ruhe (gerade in den Reizsituationen wie Jagen und Raufen) auszustrahlen, übertragen Sie diese Ruhe auf Ihren Hund. Sie geben ihm Sicherheit, dämpfen seine Erregung. Nun fragen Sie sich wahrscheinlich, wie Sie ruhig bleiben können, obwohl Sie eine tickende Zeitbombe von Hund an der Leine haben? Dazu eine Gegenfrage: Wie beruhigen Sie einen Menschen oder ein aufgeregtes Kind? Ich denke, Sie nehmen sich Zeit. Sie verbinden sich intensiv und empathisch – aber ohne sich aufzudrängen. Sie lassen sich ganz auf die Situation ein. Selbst angespannt und auf hundertachzig „Jetzt ist aber Ruhe!" zu schreien, wird wenig zur Beruhigung beitragen. Ihr Einwand: „Ich bin halt kein gelassener Mensch. Und wenn ich dazu noch Angst habe, mein Hund kommt beim Jagen unter die Räder, kann ich erst recht keine Ruhe ausstrahlen." Dann ist es umso wichtiger, in kleinen Schritten zu trainieren. Die ersten Erfolge, ein Hund, der sich immer mehr von Ihnen leiten lässt, werden Ihr Vertrauen in sich und Ihren Hund stärken. Gelassenheit braucht Vertrauen. Kontrollzwang steht der Gelassenheit dagegen im Weg. Sie müssen Ihrem Hund auch Ruhe vor Ihnen geben. Andauernde Anforderungen und Ansagen (vor allem ohne Konsequenz) machen nervös. Hund wie Mensch! Der Trend „Helikoptereltern" ist bei den Hundebesitzern angekommen, leider. Den Hund mit Worten ohne Bedeutung zuzutexten, stresst den Hund und zerstört die Bereitschaft zur Aufmerksamkeit. Es besteht vielleicht sogar ein Zusammenhang zwischen dem Trend, stets mit Handy auf Empfang zu sein ohne wirklich konzentriert zu sein und der fehlenden Ruhe und Konzentriertheit, die prinzipiell für eine klare Kommunikation notwendig ist. Gerade auch in der Kommunikation Mensch-Hund!

Vertrauen

Einem gut erzogenen Hund können Sie vertrauen – weil er Ihnen vertraut! Vertrauen heißt, Sie trauen Ihrem Hund zu, dass er sich an Regeln hält, die Ihre Beziehung bestimmen. Ein Hund darf schnüffeln, rennen, spielen. Schutz- und Jagdhunden lernt man sogar beißen und jagen, wenn sie dieses im Rahmen der vereinbarten Regeln tun. Vertrauen festigt Beziehungen und macht jeden Beziehungspartner stark. Vertrauen schafft Freiräume und erlöst sowohl den Hundebesitzer vom Kontrollzwang als auch den Hund vom ständig unter der Fuchtel sein! Wem man vertraut, dem fühlt man sich nah. Und das ist ein gutes Gefühl – auch in der Mensch-Hund-Beziehung.

Grenzen, Regeln und Rituale

Grenzenlose Offenheit macht den meisten Angst. Auf jeden Fall unseren Hunden! Alles hat zwei Seiten: Grenzen und Regeln schränken nicht nur ein, sondern geben zugleich Sicherheit. Welche Grenzen ich setze, ist stets individuell. Wichtig ist, dass ich diese Grenzen erkläre. Es verunsichert, im Dunkeln gegen einen Stacheldrahtzaun zu stolpern, den man nicht erwartet hat. So geht es leider vielen Hunden: die Grenzen sind nicht klar. Einmal ist der Zaun da, aber viel öfters nicht. Das ist nicht fair. Rituale sind die intelligente Form, Regeln und Grenzen zu vermitteln – nicht nur Menschen sind Gewohnheitstiere. Rituale „brennen" Verhaltensmuster ein, im Guten wie im Schlechten. Ein gutes Ritual beispielsweise ist, nach dem „Leine los" nicht gleich davonzustürmen, sondern zuerst Spaß mit dem gerade noch Leinenhalter zu haben. Ein schlechtes Ritual dagegen ist, gleich davonzustürmen. Erziehen heißt schlechte Rituale durch gute Rituale mehr und mehr zu ersetzen. Das ist Ihre Aufgabe als ...

Hundeführer, Hundeführerin

Das heißt, Sie übernehmen den führenden, den bestimmenden Part in der Beziehung Mensch-Hund. Sie übernehmen damit zugleich die Verantwortung für das Verhalten Ihres Hundes, so wie ein Fahrzeugführer für sein Fahrzeug.

Überlegen Sie: *Sind Sie bereit, den führenden Part zu übernehmen? Oder hätten Sie es gerne lieber partnerschaftlich auf Augenhöhe? Übertragen Sie vielleicht Ihre Ansprüche an eine gute Mensch-Mensch-Beziehung auf die Mensch-Hund-Beziehung? Wodurch zeichnet sich für Sie ein guter oder schlechter Hundeführer aus? Wie verhält sich für Sie ein gut geführter Hund? Welche negative Assoziation verbinden Sie mit dem Wort „Hundeführer"? Welche positiven Assoziationen verbinden Sie mit Partnerschaft, welche mit Freundschaft und Liebe?*

Der Begriff „Führer" klingt immer ein wenig nach Adolf. Deshalb wird dieser Begriff heute fast immer präzisiert: Führungskraft, Führungspersönlichkeit, Spielführer, Anführer, Bergführer, Führungsspieler. Oder man bedient sich dem Englischen und nennt den Führer „Leader". Neutral gesehen führt ein Führer andere, die ihm folgen. Im besten Fall hat der Führer dazu die Kompetenz und Persönlichkeit, durch gute Führung das Wohl der/des Geführten zu sichern. Und da es Sinn macht, dass der Hund von seinem Herrchen, Frauchen, Besitzer oder Halter geführt wird und nicht umgekehrt (außer Ihr Hund ist als Blindenhund ausgebildet), ist der Begriff im Hundesport noch immer gebräuchlich. Mir ist der Begriff persönlich lieber als Herrchen oder Frauchen – denn ein „Chefchen" steht nicht für Führungsstärke und Souveränität. Alber Schweitzer sagte:

„Ein Beispiel zu geben ist nicht die wichtigste Art, wie man andere beeinflusst. Es ist die einzige."

Der Hund pariert, er gehorcht, er ordnet sich unter, er spurt, er ist unter Kontrolle, er hat eine gute Impulskontrolle

Auch manche dieser Formulierungen klingen noch nach Pickelhaube und dem treu ergebenen deutschen Schäferhund. Doch die Bedeutung hinter den Formulierungen ist ähnlich: Der Hund ist (fast immer) bereit, das zu tun, was Sie von ihm fordern. Mit welchem Ausdruck der Hund Gehorsam zeigt, kann sich jedoch deutlich unterscheiden. Er kann es freudig tun (voller Energie, mit freien Bewegungen, mit frei getragenem Schwanz und offenen Augen), ängstlich unter Druck und Zwang (geklemmte Rute, angelegte Ohren, unterwürfig, mit schleckender Zunge) und natürlich auf viele Arten dazwischen. Zweifelsohne sieht jeder lieber einen Hund, der (scheinbar!) voller Freude einem Kommando nachkommt. Doch untereinander zeigen Hunde ebenfalls verschiedene Emotionen und nicht nur die freudigen. Jeder Hund zeigt ein breites Spektrum an Emotionen und Stimmungen je nach Situation – auch Ihnen gegenüber.

Überlegen Sie: *Wäre es für Sie natürlich, dass sich ein Hund in jeder Situation freudig verhält? Was würden Sie von einem Menschen halten, der auf einer Beerdigung den gleichen Ausdruck wie auf einer Party zeigt? Ein anderes Beispiel: Ihr Partner fordert von Ihnen, eine Tätigkeit zu unterbrechen, die Ihnen gerade wichtig ist. Unterbrechen Sie Ihre Tätigkeit dann freudig? Sicherlich nicht! Würde es für Sie Sinn machen, aus Ihrem kurzen Genervtsein, Ihre gesamte Partnerschaft und Beziehung zu bewerten? Eine gute Partnerschaft muss Differenzen und Emotionen vertragen.*

Das Training der sogenannten Impulskontrolle bzw. des Gehorsams bedeutet, dass der Hund trotz einem starken Reiz unter Ihrer Kontrolle steht. Beispielsweise der Hase springt auf, und Ihr Hund möchte hinterher. Durch antrainierte Impulskontrolle kann Ihr Hund sich aber beherrschen und zeigt statt dessen ein antrainiertes Alternativverhalten (z. B. Platz, Steh oder er kommt zurück). Erwarten Sie aber nicht, dass es Ihrem Hund wirklich Spaß macht, den Hasen aufzugeben. Ihr Kommando fordert das Herkommen, Punkt. Dabei noch ein freudiges Schwanzwedeln zu erwarten ist nicht nur unsinnig sondern unfair. Ihr Hund darf Emotionen zeigen! Und wichtig: Ruhe und Entschlossenheit sind keine Gegensätze! Je mehr Ruhe und Sicherheit in Ihrem Kommando liegen, umso besser ist die Wirkung.

Unterordnung

Die sogenannte „Unterordnung" ist ein Prüfungsteil im Hundesport. Hier wird bewertet, wie wie freudig, energiegeladen und perfekt eine bestimmte Reihe von Übungen ausführt wird (Fuß, Sitz, Platz, Steh, Apportieren, Springen über die Hürde u. ä.). Das sogenannte „Obedience" (auf deutsch „Gehorsam") ist ein Hundesport, bei dem es ganz besonders auf Präzision bei anspruchsvollen Übungen ankommt. Diese Art von Sportunterordnung hat wenig mit der Alltagsunterordnung zu tun und ist nicht Thema dieses Buches. Ein Hund kann eine perfekte Unterordnung im Sport laufen, ja sogar Weltmeister werden, und gleichzeitig im Alltag Gehorsamsprobleme haben. Umgekehrt kann ein im Alltag äußerst zuverlässiger Hund in der Sportunterordnung eine Niete sein. Unterordnung kann auch im Sinne der Sozialordnung verstanden werden. Jemand, der sich unterordnet, stellt Regeln und Anweisungen nicht infrage. Ziel muss es sein, in einer potenziellen Jagd- oder Raufsituation, den Hund sofort unterordnen zu können. Diese Form der Unterordnung muss und sollte nur kurzfristig erfolgen. Danach kann Ihr Hund wieder frei seine Wege gehen.

Überlegen Sie: *Ordnet sich Ihr Hund in bestimmten Situationen unter und fügt sich zuverlässig Ihrer Ansage? In welchen Situationen können Sie das sicher einfordern, in welchen nicht? Wenn Ihnen der Begriff „Unterordnung" aufstößt, wie würden Sie es gerne benennen? Aber glauben Sie mir, egal welcher Begriff für Sie besser passt: In bestimmten Reizsituationen hilft bei einem hochmotivierten und auf den Reiz fokussierten Hund nur „Unterordnung". Auch wenn die Vergleiche zum Wolfs- und Wildhundrudel meist hinken: Unterordnungsverhalten ist Teil der natürlichen Sozialordnung und sichert das gemeinsame Überleben. Ohne Unterordnungsverhalten wäre z. B. eine Rudeljagd nicht möglich. Unterordnungsverhalten und Unterwürfigkeitsgesten schützen vor ernsten Verletzungen bei Auseinandersetzungen aber auch im Spiel innerhalb des Rudels.*

Bindung

heißt nicht, dass der Hund immer an einem „klebt" und beispielsweise nicht alleine bleiben kann. Bindung zeigt sich vor allem darin, dass der Hund in Stresssituationen Sicherheit bei Ihnen als Hundeführer sucht. Bindung hat also vor allem mit Sicherheit und Vertrauen zu tun. Ein Hund mit Bindung sucht von sich aus die Nähe zu seinem Hundeführer – selbst bei einer Zurechtweisung bzw. Strafe! Für einen Hund mit starker Bindung ist das bewusste Wegschicken ein Ausstoßen aus der Gemeinschaft und deshalb eine drastische Strafe. Einem Hund ohne Bindung ist das schnuppe – strafen Sie einen Hund mit wenig Bindung zu Ihnen, wird er nicht zu Ihnen herkommen. Starke Bindung ist quasi eine unsichtbare Leine, welche Ihnen in der Erziehung hilft und notwendig ist. Bindung heißt zugleich, dass der Hundeführer sich mit seinem Hund verbunden fühlt und ihn nicht nur als Sportgerät oder temporären Freizeitpartner sieht und nutzt. Bindung ist der starke Kit der Beziehung. Durch dieses starke Gefühl der Verbundenheit erleben wir den Hund als „den besten Freund des Menschen".

Überlegen Sie: *Bei wem sucht Ihr Hund Zuflucht und Schutz bei Stress? Diese Frage ist besonders interessant bei Familienhunden, die unterschiedliche Bezugs- und Bindungspartner haben. Stressauslöser können z. B. sein: Erschrecken, Schmerzen, Verletzungen, Angst, Auseinandersetzung mit anderen Hunden.*

Belohnung, Motivatoren, Lob, Verstärker

Diese Worte bezeichnen Ähnliches: Es geht um Dinge, die dem Hund Freude machen und positive Emotionen und Körperempfindungen auslösen. Auch hier ist der Hund dem Menschen ähnlich. Wenn Sie gerne ins Kino gehen, wollen Sie das so oft als möglich und Sie freuen sich über eine Kinokarte. Grundsätzlich gilt: Wenn bestimmtes Verhalten stets belohnt wird, wird dieses Verhalten öfter gezeigt. Ein Hund kann sich durchaus selbst belohnen – z. B. wenn er jagt, auf andere Hunde losstürmt oder Unrat frisst. So festigen sich viele Unarten, die wir als Hundeführer nicht möchten, denn der Hund belohnt sich selbst – dazu noch weitaus hochwertiger, als wir es könnten! Ein Prinzip in der intelligenten Hundeausbildung ist es, dass der Hundeführer sich zum „Herr" über hochwertige Motivatoren macht. Die Aufgabe des Hundeführers ist dabei, es so geschickt zu tun, dass der Hund meint, er bestimmt über die Belohnung selbst. Wir führen den Hund hinters Licht, oder noch drastischer ausgedrückt:

Intelligente Hundeerziehung und Hundetraining ist Manipulation.

Denn die Aussicht auf Motivatoren sind für den Hund Ansporn, selbst Dinge zu tun, die keinen Spaß machen. Uns geht es oft ja auch nicht anders! Die Steuererklärung geht leichter von der Hand mit der Aussicht auf ein gutes Essen als Belohnung. Wenn Sie sich am Begriff der Manipulation stören: Manipulieren, Tricksen und Täuschen gehört zum Verhaltensrepertoire intelligenter, in Gemeinschaft lebender Tiere. Und die Alternative zur Manipulation in guter Absicht ist deutlich schlechter, wie Astrid Lindgren wusste:

*„Man kann in die Tiere nichts hineinprügeln,
aber man kann manches aus ihnen herausstreichen."*

Übrigens gilt das genauso für Kinder und schwierige Kollegen. Vergessen Sie nicht: Es motiviert durchaus auch, Negatives vermeiden zu können – auch wenn die positive Motivation heute von manchen Trainern als die einzige Art der Motivation gesehen wird. Es ist einfach so: Wer den Tiger (oder den Chef) hinter sich weiß, kommt schneller ans Ziel. Wenn dieses Mittel mit Verstand, fair und nicht als einzige Lösung gesehen wird das Vertrauen zwischen Mensch und Hund nicht zerstört. Bevor Sie diesen Ansatz im Training verurteilen, warten Sie noch ein wenig, bis Sie gleich mehr darüber lesen.

Strafe, Zurechtweisung

ist das Gegenteil von Lob. Strafe löst negative Emotionen und Körperempfindungen aus. Der Hund wird – wie Sie und jedes Lebewesen – versuchen, Negatives zu vermeiden. Das wird aber weder uns noch Ihrem Hund gelingen. Man lernt aus unangenehmen Erfahrungen! So lernt man von der heißen Herdplatte und Strafarbeiten, die einem die Freizeit kosten. Daran zerbricht man nicht. Vor allem, wenn man vesteht, wie man dem Unangenehmen künftig ausweichen kann. Klassisch strafen heißt, Unangenehmes zufügen. Doch das hat eine Kehrseite: Wer Angst hat, bei einem Fehler gleich wieder Unangenehmes zu erleben, handelt übervorsichtig. Man traut sich nichts. Statt zu wollen, will man vermeiden – das kostet Lebensfreude. Und doch kann (über)vorsichtiges Verhalten im Hundealltag erwünscht sein und Ihnen die Kontrolle über Ihren Hund erleichtern. Ein Hund, der übervorsichtig bei der Straßenüberquerung oder vor dem Durchstarten bei Wildsicht ist, macht Ihr Leben einfacher und sein Hundeleben sicherer. Vergessen Sie niemals: Auch die Abhängigkeit von Lob und Belohnung erschwert ebenfalls das Lernen und dämpft die notwendige Eigenmotivation!

Überlegen Sie: *Wie strafen Sie Ihren Hund? Wie fühlen Sie sich, wenn Sie strafen? Wie fühlen Sie sich, wenn Sie selbst bestraft werden? Strafen Sie meist impulsiv oder mit klaren Absichten? Und, kann es sein, dass Ihre Erfahrungen mit Strafe Ihre Haltung zur Strafe gegenüber Ihrem Hund stark beeinflussen?*

Konsequenz

ist eines der wichtigsten Prinzipien der Hundeerziehung. Wenn Sie etwas verlangen und Ihr Hund es nicht ausführt, muss es Konsequenzen haben. Das muss nicht typische Strafe oder Druck sein. Sie können auch je nach Situation die erwartete Bestätigung verweigern (S. 79) – so lange, bis der Hund das gewünschte Verhalten zeigt. Ein altes deutsches Sprichwort bringt es auf den Punkt:

„Kommando ohne Konsequenz = Glocke ohne Klöppel"

Trieb, Motivatoren (siehe auch Belohnung)

sind elementare Bedürfnisse, die bei unterschiedlichen Hunden unterschiedlich stark ausgeprägt sind. Triebe sind u. a.: Futtertrieb (fressen um zu überleben), Beutetrieb (Tiere reißen, töten und fressen – umgeleitet auf Zerrspiele), Aggressionstrieb (sich, seine Grenzen und sein Rudel verteidigen), Meutetrieb (soziale Bindung suchen), Sexualtrieb (fortpflanzungsbereite Artgenossen besonders attraktiv finden). Ausbildung und Erziehung hat immer etwas mit dem „Spiel mit den Trieben" zu tun. Es ist Ihre Aufgabe, die Triebe Ihres Hundes je nach Situation zu fördern bzw. zu dämpfen. Ein Hund mit wenig Trieb lässt sich schwerer ausbilden, da er schwerer zu motivieren ist. Wie loben Sie einen Hund, der weder nach Futter noch Ball giert? Gleichzeitig werden seine Unarten wahrscheinlich weniger heftig sein. Eine „Triebsau" kann selbst erfahrene Hundeführer vor große Probleme stellen. Es gilt nicht nur im Hundesport:

Zu viel Trieb macht dumm, denn der Verstand schaltet zurück oder ab.
Ohne Triebkontrolle wird der Umgang unangenehm – bei Mensch und Hund!

Signale, Reize, Auslöser, Impulse

lösen ein bestimmtes Verhalten aus. Der Hund riecht Futter: Der Speichel fließt, er bettelt. Sie kommen heim: Ihr Hund steht auf, bellt und freut sich. Sie fahren zum Tierarzt: Er kennt schon den Parkplatz und zittert vielleicht. Der Hase springt auf:

Der Hund startet durch und mobilisiert alle Energie auf das Hinterherhetzen. Bei starken Reizen wird alles andere ausgeblendet, auch Ihr Rückruf. Nun verstehen Sie, warum es keinen Sinn macht, in einer Reizsituation selbst leckerstes Futter anzubieten. Ihm wird nicht nach essen zumute sein. Oder haben Sie Hunger, wenn es gerade emotional zur Sache geht? Manche dieser Auslöser sind rassetypisch, manche individuell und manche anerzogen. Auslöser nutzen wir im Training immer. Kommandos sind anerzogene Impulse für bestimmte Handlungen.

Meiden, große Zurückhaltung zeigen, Angst haben

Der Hund geht zu einer Situation oder einem Lebenwesen auf Distanz, wenn er der Sache nicht traut. Sie haben die Situation sicher schon einmal bei Ihrem oder einem anderen Hund beobachtet: Ihr Hund hat etwas ausgefressen und meidet Sie, weil er der Strafe entgehen möchte. Oder er kommt nicht ganz her, weil er weiß, jetzt hat es sich ausgespielt, er muss an die Leine. Oder er meidet Ihre (Straf)Hand. Drohgebärden fördern Meideverhalten!

Überlegen Sie: *Ein Lebewesen ohne Angst, ohne die Fähigkeit, gefährliche Situationen instinktiv zu meiden, überlebt in der freien Wildbahn nicht lange. Das andere Extrem, besondere Ängstlichkeit, schränkt die Überlebensfähigkeit ebenso ein.*

Meideverhalten bewusst auszulösen ist zu unrecht verpönt. Ein mit Verstand aufgebautes Meideverhalten kann in der Erziehung helfen, unerwünschtes Verhalten künftig sicher zu vermeiden. Meiden kann aber in eine der folgenden Verhaltensweisen umschlagen:

Flight, Fight, Freeze, Flirt
Fliehen, Kämpfen, Einfrieren, Flirten oder „Einschleimen"

Wird der Stress noch größer, kommen die reinen Überlebensinstinkte des Hundes ins Spiel – Flight, Fight, Freeze, Flirt. Die Reaktionen Flucht und Kampf gilt es nicht nur im Training zu vermeiden. Auch im „eingefrorenen" Zustand ist Ihr Hund kaum ansprechbar – obwohl einfrieren unter Umständen schützen kann.

Das Flirt-Verhalten, einschleimend unterwürfig um Zuneigung zu betteln oder charmant auf Liebkind zu machen, können wir dagegen nutzen. Es ist bei Hunden ein genetisch angelegtes und sozial geprägtes Verhalten. Im Flirt-Modus sucht der Hund Kontakt zu Ihnen – selbst nach Zurechtweisung. Kurzzeitig unterwürfiges Verhalten ist kein Zeichen einer schlechten Beziehung. Auch Welpen unterwerfen sich gegenüber Hunden, zu denen sie großes Vertrauen haben – und sind gleich darauf wieder fröhlich spielbereit und frech.

Das rechte Maß

Wenn Sie immer in der gleichen Intensität loben oder strafen, verspielen Sie Wirkung, und Ihr Hund stumpft ab. Wie geht es Ihnen, wenn Sie immer das Gleiche bekommen, egal wie Sie sich anstrengen, egal wie groß der von Ihnen gemachte Fehler ist? Auch Sie erwarten für besondere Leistung besondere Anerkennung – Ihrem Hund geht es nicht anders. Wer von Beruf „Söhnchen" ist und dessen Tisch stets reich gedeckt ist, ist auch selten besonders motiviert und leistungsbereit.

Experiment: *Raus aus der Eintönigkeit! Variieren Sie zwischen der tollsten Belohnung und dem bösesten Nein. Die Welt ist bunt, nicht eintönig grau. Zeigen Sie alle Ihre Reaktionen schnell und eindeutig – je schneller Sie reagieren, umso besser.*

Respekt, natürliche Autorität

In diesem Buch steht Respekt dafür, Grenzen zu achten und nicht zu überschreiten. Eine Respektsperson definiert unausgesprochen oder angesprochen Grenzen und fordert Grenzen ein. Der Respekt vor einer Respektsperson kann vielfältige Ursachen haben: Ich habe Angst vor der Konsequenz, bei Fehlverhalten Unangenehmes zu erleben; ich achte die Person als stark und kompetent; ich bewundere diese Person und möchte sie nicht enttäuschen; ich habe Respekt als Umgangsform gelernt – oder mir wurde Respekt eingebläut. Das Gegenteil von Respekt ist, Grenzen stets infrage zu stellen und häufig zu überschreiten. Ein respektloser Hund hält sich z. B. nicht an Kommandos, er belästigt und bedrängt. Bei einem Respektproblem müssen Sie Ihrem Hund ständig das Gleiche sagen und mit ihm um Gehorsam „kämpfen". Das bringt viel Unruhe in die Mensch-Hund-Beziehung. Das ist Gift für gegenseitiges Vertrauen.

Überlegen Sie: *Was bedeutet für Sie Respekt? Vor wem haben Sie Respekt und warum? Auf welche Art, glauben Sie, zeigt ein Hund Respekt?*

Noch ein Gedanke zum Respekt: Wer nicht vorhandenen Respekt bzw. Autorität gewalttätig gegenüber Menschen und Hunden einfordert, handelt respektlos.

Wer Autorität wieder und wieder lautstark einfordern muss, besitzt keine.

Der richtige Zeitpunkt

Wenn Sie Gewünschtes bestätigen und Unerwünschtes sanktionieren, müssen Sie geistesgegenwärtig und schnell handeln. Das sogenannte „Verknüpfungsfenster" ist sehr kurz, in dem ein Hund Ihre Reaktion mit seinem gezeigten Verhalten in Zusammenhang bringt.

Überlegen Sie: *Wie lange brauchen Sie, das Verhalten Ihres Hundes zu bestätigen beziehungsweise „Nein" zu sagen? Wenn Sie hier langsamer sind als eine Sekunde, machen Sie es Ihrem Hund und sich unnötig schwer.*

Kommando, Befehl

Befehlen und Gehorchen, der Untergebene hat zu spuren. Dieser Führungsstil ist in der Zivilgesellschaft heute zum Glück seltener geworden. Genauso wie das Wort Befehl" Selbst dann, wenn der Untergebene das tun muss, was wir möchten. Auch der Begriff Kommando steht nicht für Mitspracherecht und eigenverantwortliches Handeln. Doch auch, wenn die Beziehung zum Hund wenig mit Kasernenhof zu tun haben sollte: In einer Jagd- oder ähnlichen Situation verlangen wir, dass das Kommando sicher ausgeführt wird! Und wenn wir im Sport eine Prüfung machen, genauso. Unter Kommando verstehen wir im Hundetraining einfach ein Wort und/oder Körpersignal, von dem wir erwarten, dass es unmittelbar und verlässlich ausgeführt wird, weil wir es trainiert haben. Kommandos sind keine Bitte, die ausgeschlagen werden kann.

Zwänge

Zwang kein schönes Wort. Ein Wort, welches in den meisten Hundebücher ausschließlich negativ Erwähnung findet. Was heißt eigentlich Zwang genau? Zwänge dürfen bei uns nur Polizisten in bestimmten Situationen anwenden, da sie eine Einschränkung der Persönlichkeitsrechte bedeuten. Was bedeutet Zwang in der Hundeerziehung? Und die Steigerung davon, der Starkzwang? Zwang heißt, der Hund hat keine Chance sich unserer Einwirkung zu entziehen – beim Starkzwang kommen noch Schmerz und Stress dazu. Zwänge sind schnell tierschutzrelevant: *„ ... darf die Möglichkeit des Tieres zu artgemäßer Bewegung nicht so einschränken, dass ihm Schmerzen oder vermeidbare Leiden oder Schäden zugefügt werden."*

Aber zwanglos ist beim genauen, ehrlichen Hinschauen wenig. Oft herrscht Leinenzwang, also der Hund wird durch ein Hilfsmittel an der freien Bewegung gehindert. Wenn Ihr Hund an der Leine zieht und Sie dagegenhalten, ist das Zwang! Zwänge schränken ein – je mehr ich den Hund in seinen Bedürfnissen einschränke, umso mehr Zwang übe ich aus. Konkret auf die Leine bezogen: Je mehr Zug am Halsband umso stärker der Zwang. Während starke Zwänge für jeden offensichtlich erkennbar sind, werden manche Zwänge nicht als Zwänge erkannt. Beispielsweise der Versuch, antriebslose Hunde zum Arbeiten zu locken. Ehrlicher – wenn man das Hundeswohl im Blick hätte – wäre es, den Ausdruck des Hundes zu bewerten und weniger die Zwangsmittel. Vieles kann Zwangsmittel sein, ein Geschirr und gerade ein Halti! Es macht einen großen Unterschied, wie häufig und mit welchem Ergebnis ich Zwang anwende! Ein Hund in einem hohen Erregungszustand wird selbst von einem Leinenruck wenig beeindruckt sein. Deshalb rucken viele viel zu oft wirkungslos an der Leine. Im niedrigen Erregungszustand kann dagegen schon eine laute Bitte Zwang sein. Ihnen geht es nicht anders. Je nach Befinden und Situation stecken Sie Zwänge mehr oder weniger gut weg. Zwänge dämpfen – nicht nur Hunde. Und manchmal kann man jemanden sogar zu seinem Glück zwingen! Doch kosten Zwänge stets (Eigen-)Motivation. Wer das weiß, handelt entsprechend!

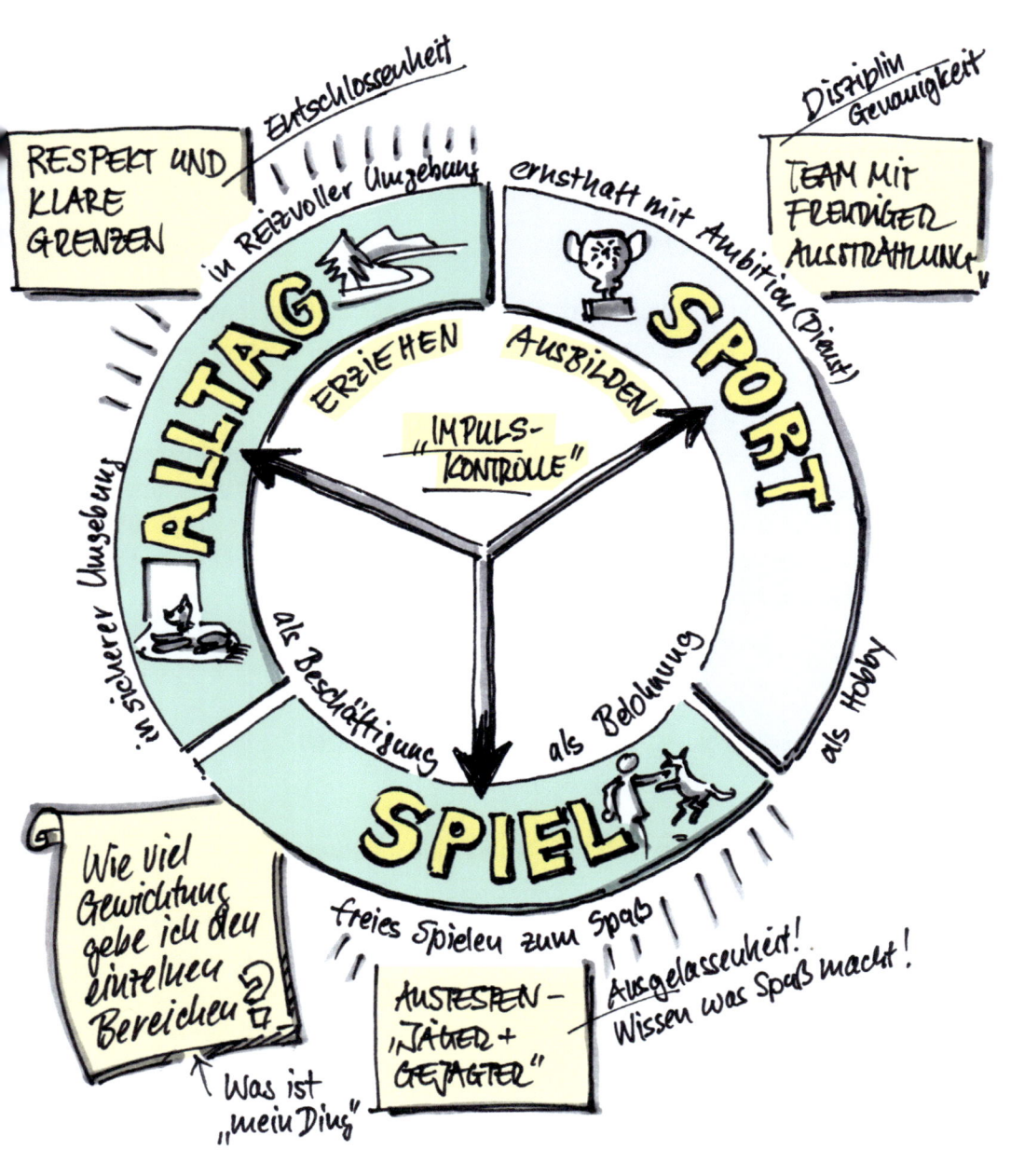

Wie verbringen Sie Zeit mit Ihrem Hund?

Beziehung braucht gemeinsame Unternehmungen

Alltag, Sport und Spiel

Mit der Einteilung in Alltag, Sport und Spiel sind alle Bereiche einer Mensch-Hund-Beziehung abgedeckt. Arbeits- oder Diensthunde ordnen wir dem ernsthaften Sport zu.

Obwohl sich die Bereiche beeinflussen, wird der Hund in den verschiedenen Bereichen ein anderes Verhalten zeigen – auch weil ein anderes Verhalten erwünscht und antrainiert ist. Als Hundeführer sollten Sie deshalb einiges über die Regeln der verschiedenen Bereiche wissen und entsprechend Ihr Training gestalten und Ihre Haltung anpassen.

Alltag – Erziehung gelingt nicht nebenbei

Alltag heißt nicht, Mensch und Hund leben nebeneinander her

Für viele Hunde besteht der Tag fast nur aus Alltag. Der reicht vom faul in der Ecke liegen, bis hin zu den langen Spaziergängen – eingeschlossen den Dingen, die er mag und Sie nicht wollen. Ein Problem im Alltagsbereich ist, dass wir uns im Alltag oft um andere Dinge kümmern, als um unseren Hund. So schleichen sich im Alltag leicht Unarten ein. Ihr Hund nutzt Ihre Unkonzentriertheit und inkonsequentes Verhalten gerne zu seinem Vorteil aus. Als Beispiel dafür die plappernde „Frauchenrunde" auf dem Morgenspaziergang: Herrchen oder Frauchen beschäftigen sich mit Ihren Themen, die Hunde werden spielend sich selbst überlassen. Wehe, wenn sich dann einer zur Jagd aufmacht. Fazit:

Gerade wenn es überwiegend Alltag gibt, muss dieser für den Hund artgerecht spannend gestaltet werden. Das fordert von Ihnen Konzentration – besonders in reizvoller Umgebung. Für voll ausgelastete Sport- oder Arbeitshunde heißt Alltagsbereich dagegen meist Ruhe – und die Hundeführer haben oft weniger Zeit und Lust, Alltagssituationen gezielt zu trainieren. Hunde beobachten permanent und wissen, ein Führungsvakuum zu nutzen. Fürst Bismarck und „Reichsdoggenbesitzer" soll gesagt haben:

„Ich habe große Achtung vor der Menschenkenntnis meines Hundes, er ist schneller und gründlicher als ich."

Ein weiteres Beispiel für die oft fehlende Aufmerksamkeit und Konsequenz: Bei einem „Platz" im Alltag ist es uns meist egal, wie schnell der Hund das Kommando ausführt. Doch ein „Platz" in einer Jagdsituation muss sofort ausgeführt werden. Woher soll der Hund den Unterschied wissen? Es ist nicht fair, in einer Triebsituation perfektes Gehorsam zu verlangen (gerade in einer Situation, wo der Hund es nicht will) und in der Alltagssituation daheim (ohne Ablenkung) lassen wir ihn schludern. Deshalb die erste Regel:

Wichtige Kommandos, die auch in Triebsituationen sicher ausgeführt werden sollen, müssen stets verbindlich eingefordert werden.

Es ist also logisch, dass Sie für das „Alltagsplatz" im Haus ein anderes Kommando nutzen sollten, als für das ernste Abbruchkommando „Platz" in einer Reiz- oder Notsituation. Intelligente Hundeführer nutzen im Alltag und im Sport verschiedene Kommandos – dadurch machen sie es sich und ihrem Hund deutlich einfacher!

Überlegen Sie: *Welches Signal, welche Signale führt Ihr Hund immer zuverlässig und schnell aus? Wie klappt es unter Ablenkung?*

Wie schon in der Einleitung beschrieben: Ein „Nein", das zu oft als „Jein" aufgefasst worden ist, ist als verständliches Kommando verbraucht. Sie brauchen ein neues Wort, eine neue Haltung als Körpersignal. Für viele Hunde mit Gehorsamkeitsproblemen ist das Kommando „Platz" meist schon verbraucht. Für ein gutes Gehorsam ist ein einziges Kommando, welches zuverlässig ausgeführt wird, vollkommen ausreichend. Welches Kommando Sie als sicheres Abbruchsignal trainieren, ist prinzipiell egal. Es gibt Hunde, die können zuverlässiger mit „Platz" gestoppt werden, andere mit „Hier" andere mit „Steh". Mit einem einzigen zuverlässigen Kommando machen Sie es sich und Ihrem Hund einfacher als mit drei „halblebigen" Kommandos. Und Sie wissen schon: Ihr Hund kann Körpersprache als seine „Muttersprache" von Anfang an deuten. Wortkommandos dagegen müssen erst gelernt werden, und damit rein akustische Kommandos genauso sicher ausgeführt werden, müssen Sie intensiv trainieren.

Überlegen Sie: *Welche Ihrer Kommandos sind für Ihren Hund schon verbraucht? Wahrscheinlich brauchen Sie einige neue.*

Experiment: *Führen Sie für die verbrauchten Kommandos neue Kommandos ein. Diese neuen Kommandos sollten kurz sein und sich von den alten (und Ihren anderen Kommandos) deutlich unterscheiden. Fremdsprachen und Kunstworte bieten eine gute Möglichkeit, neue Wörter zu finden. Statt „Nein" könnten Sie „Tabu" sagen, statt „Platz" „Down". Wichtig dabei: Seien Sie beim Einführen dieser neuen Kommandos diesmal konsequent, sonst sind diese Worte ebenfalls schnell wieder verbraucht. Vielleicht warten Sie besser doch mit der Einführung dieser neuen Kommandos, bis Sie dieses Buch zu Ende gelesen haben. Dann wird es Ihnen garantiert leichter fallen, diese Kommandos einzutrainieren.*

Ist Ihnen die Wirkung Ihrer Worte und Signale bewusst?

Ehrlich? Je klarer Sie für Bestimmtes gleiche Worte und Körpersignale wählen, umso schneller kommen Sie voran. Hunde können weitaus mehr verstehen, als man früher dachte. In Experimenten wurde bewiesen, dass Hunde mehr als 500 verschiedene Kommandos ausführen können und diese eindeutig voneinander zu unterscheiden wissen!

Die Bedeutung eines Kommandos für den Hund ist die Bedeutung, die Sie diesem Kommando gegeben haben. Bewusst oder unbewusst. Fordern Sie bestimmtes Verhalten immer mit den gleichen Kommandos ein!

Ein sicheres Abbruchkommando ist notwendig

Ein klares „Nein" oder „Tabu" oder ein bestimmtes Wort als sicheres Abbruchkommando ist absolut notwendig im Alltag und vor allem in Notsituationen. Der Giftköder oder der aufspringende Hase werden für den Hund uninteressant, indem Sie mit dem Ball oder Futter wedeln (ab S. 53).

Übrigens ist das Trainieren eines sicheren Abbruchkommandos kein Gegensatz zum Erziehen mit Lob und positiver Bestätigung. Als Prinzip kann gelten: Viel „Weiß", viel Lob und wenig „Schwarz". Aber Weiß ist Weiß und Schwarz ist Schwarz. Grauzonen gilt es zu vermeiden. Wenn Sie ein Abbruchkommando geben, müssen Sie es jedesmal konsequent einfordern. Es ist wie bei der Schachregel: „Berührt – geführt". Je besser ein Hund auf ein sicheres Abbruchkommando reagiert, umso seltener müssen Sie es gebrauchen. Alltagstraining heißt, den Hund so zu erziehen, dass es für Sie und Ihre Lebenssituation passt. Möchten wir den Hund zum Einkaufen mitnehmen, muss er sich in der Stadt benehmen können. Muss der Hund einige Stunden alleine bleiben, dann soll er es entspannt und ruhig können. Ein Hund, der auf jedem Spaziergang das Weite sucht, ist Stress pur – für den Menschen! Der Hund genießt solange seinen gefährlichen Spaß.

Ein sicheres Abbruchkommando macht den Alltag mit Ihrem Hund entspannt.

Spiel – mehr als Lust und Tollerei

Spielen macht glücklich

Dem ausgelassenen Spiel wird leider viel zu wenig Beachtung geschenkt. Spiel ist Kür, ist Tanz, ist Bewegung, ist Körperlichkeit. Spiel ist Ausdruck von Lebensfreude. Spielen stärkt das Band zwischen Mensch und Hund. Wenn es dem Hund nicht durch eine ungeschickte Erziehung und schlechte Erfahrungen verleidet wurde, spielt jeder Hund. Als Welpen haben sie alle gespielt! Auch diejenigen, von denen ihre Besitzer sagen, er spielt nicht. Wie attraktiv Spielen ist, merken Sie, wenn Sie Ihren Hund beim Spielen mit anderen Hunden abrufen wollen. Denn der Hund findet im Spiel genau das, was ihn begeistert. Dazu gehört das Rennen, der Wechsel von Jäger sein und selbst gejagt zu werden. Dazu gehört, seine „Beute", den Stock oder Apfel, zu präsentieren und den anderen aufzufordern, ihm diese wertvolle Beute abzujagen. Dazu gehört das sich spielerische Beißen und Bedrängen. Dazu gehört, auf Körpersignale unmittelbar zu reagieren.

Ihr Hund ist ein glücklicher Hund, wenn er spielt.

Im Gegensatz zum Wolf oder Wildhund, die nur in der Jugend spielen, bleiben unsere Hunde (besonders, wenn Sie es gezielt fördern) ihr ganzes Leben spielbereit. Die Lust zum Spiel ist allen Säugetieren (dazu gehören wir auch!) eigen. Friedrich Schiller formulierte es so:

„Der Mensch ist nur Mensch, wenn er spielt."

Im freien Spiel vergisst Mann/Frau/Hund die Welt. Es zählt nicht Leistung und Pflicht, sondern Begeisterung. Gönnen Sie Ihrem Hund das Spiel mit Ihnen!

Nun kommt ein großes Aber:

Viele Hundeführer können ihrem Hund im Spiel zu wenig geben, ihm viel zu wenig elementare hündische Bedürfnisse erfüllen. Manche Hundeführer haben auch einfach keine Lust dazu. Was sind die Gründe dafür?

Erstens:

Sie beobachten zu wenig, wie Hunde untereinander spielen und machen sich deren Spieltaktiken nicht zu eigen. Auch unsere Hände können „beißen" oder zum Spiel auffordern. Auch wir können Jäger und ein Gejagter sein. Auch wir können einfrieren und blitzschnelle Bewegungen machen. Auch wir können zerrend um die Beute kämpfen – und dann die Beute verlieren, damit der Hund nicht den Spaß verliert. Auch wir können die „Stark-Schwach-Rollen" wechseln.

Zweitens:

Sie gehen nicht auf die Spielbereitschaft Ihres Hundes ein. Es ist wie so vieles sinnfrei, dass nur der Hundeführer den Hund zum Spielen auffordern darf. Lassen Sie sich von Ihrem Hund zum Spiel ermuntern und gehen Sie darauf ein. Oft reicht ein kurzes Spiel.

Überlegen Sie: *Hätten Sie als Kind mit einem Spielpartner Spaß gehabt, der immer alles bestimmen wollte? Der nur mitmachte, wenn er selber Lust zum Spiel hatte? Ein guter Spielpartner lässt sich leicht auffordern!*

Drittens:

Die Angst, der Hund treibt es immer wilder – diese Angst ist berechtigt. Ein Spiel kann plötzlich kippen und zum ernsten Klären des sozialen Rangs führen. Doch selbst das können wir nutzen, wenn wir im Bewusstsein unserer eigenen Stärke angemessen reagieren. Warum nicht an der Kippe zwischen Spiel und Ernst Positionen klären? Wie wild ein Spiel wird und werden darf, ist abhängig von beiden Spielpartnern. Mit mir beispielsweise dürfen die Hunde wilder spielen als mit meiner Partnerin. Die Hunde können dieses bestens unterscheiden und haben mit beiden Spielpartnern ihren Spaß.

Wenn ein Spiel zu abgedreht wird, ist es unsere Aufgabe als Hundeführer, das Spiel wieder in Bahnen zu lenken oder abzubrechen. Sie als Hundeführer entscheiden darüber, wie weit Regeln gedehnt und in welchem Grad überschritten werden dürfen. Was in einer normalen Alltags- oder Sportsituation nicht erlaubt ist, darf im Spiel sein. Warum sollte der Hund im Spiel nicht seine Zähne nutzen – er kann lernen, nicht zu fest zuzubeißen. So können Sie miteinander raufen. Sie können sich im Spiel anspringen lassen und alles tun, was Ihnen und Ihrem Hund gefällt.

Ein wichtiger Punkt: Diese wilden Spiele sind für Ihre Kinder grundsätzlich tabu und auch für Sie, wenn Sie diese Art von Spiel nicht (noch nicht) kontrollieren können. Dann gehen Sie es etwas ruhiger an, damit die Spielsituation nicht in schwer kontrollierbare Bereiche kippt.

Experiment: *Auf welche Spielsignale reagiert Ihr Hund besonders: Bei was dreht er stark auf, bei was verliert er die Lust am Spiel? Beobachten Sie einmal genau, wie Ihr Hund mit seinem besten Hundefreund spielt. Wie fordert er auf, wie lässt er sich auffordern? Wie bewegen sich die Spielpartner? Wie stark ist die Lauerphase im Spiel? Auf welche Geräusche fährt Ihr Hund ab? Auf Quietschebälle und ähnliche Geräusche reagieren übrigens fast alle Hunde. Oder üben Sie mal das Spielknurren und knurren mit. Das wirkt! Trauen Sie sich, wie ein spielender Hund zu spielen. Fordern Sie Ihren Hund zum Spielen auf. Zeigen Sie Ihre Bereitschaft zum Spiel. Und jetzt kommt etwas sehr Wichtiges:*

Der nächste Schritt muss von Ihrem Hund ausgehen. Ihr Hund soll Sie anspielen, bevor Sie auf das Spiel weiter eingehen. In einem attraktiven Spiel kann nicht einer stets aktiv und der andere überwiegend passiv sein. Sie und Ihr Hund sollen und müssen in das Spiel investieren.

Man kann keinen Hund zum Jagen tragen – zum Spielen auch nicht!

Viertens:

Sie haben Angst, durch Zerrspiele und Ballwerfen den Beutetrieb noch stärker zu fördern. Ihnen wurde geraten, dieses zu lassen, weil Beutereize Teil der Jagdmotivation sind. Das ist richtig und kann trotzdem falsch sein. Sicher ist: Für Wildtiere ist Spielen immer auch Training für späteres Jagen. Gleichzeitig ist das Beutespiel eine gute Möglichkeit, Impulskontrolle spielerisch aufzubauen. Erst im Spiel bei der Spielzeugjagd, um dann später im Ernstfall die so trainierte Impulskontrolle abrufen zu können. Jagdhunden lernt man Gehorsam oft an der Reizangel (mal googlen), einem Hasenfell, das beutegleich bewegt wird. Zudem müssen Sie auch nicht im roten Bereich mit der Beute spielen.

Fünftens:

Sie haben es im Kreuz. Sie möchten keine schmutzige Hose. Sie trauen sich nicht, sich in der Öffentlichkeit mit Ihrem Hund zu vergnügen? Dann spielen Sie daheim im Sitzen auf dem Teppich. Oder Sie akzeptieren einfach, dass „hundeln" eine Outdoor-Beschäftigung bei Wind, Wetter und selbst Matsch ist.

Edward Hoagland sagte:

„Freude an einem Hund haben Sie erst, wenn Sie nicht versuchen, aus ihm einen halben Mensch zu machen. Ziehen Sie statt dessen doch einmal die Möglichkeit in Betracht, selbst zu einem halben Hund zu werden."

Ein guter „Spieler" kann immer motivieren

Wer gut mit seinem Hund spielen kann, hat selbst ohne Motivator wie Ball und Futter viel zu geben. Und mit gekonnter Spielgestik machen Sie Futter und Ball noch attraktiver. Geworfenes Futter animiert mehr als ruhig aus der Hand gegebenes. Ein Ball, den Sie wie eine Beute bewegen und dazu mit entsprechenden Beute-Quietsch-Geräuschen, wird für Ihren Hund hochwertiger.

So können Sie zur Auflockerung oder Bestätigung auch im Sport spielen. Aber wichtig beim Spiel: Sie signalisieren deutlich, wann das Spiel beginnt und wann es wieder endet.

Und bitte, fördern Sie trotzdem das freie Spiel – wer nur als Belohnung spielt, zerstört auf Dauer die Spielfreude.

Noch ein guter Grund für wildes und sogar etwas grobes Spiel: Der Hund lernt spielerisch, angefasst zu werden. So kann die gleiche Hand, die viel Spaß macht, auch strafen. Durch wildes Spiel härtet man den Hund ab und macht ihn stärker.

Von einem souveränen Hund können Sie abschauen, wie ein Spiel beendet wird und Grenzen aufgezeigt werden – ohne Hektik, ohne Drohungen mit nichts dahinter. Ein souveräner Hund „prügelt" andere Hunde nicht. Ein souveräner Hund ist ein guter Spielpartner – aber er genießt Respekt und wird nicht weiter belästigt, wenn für ihn das Spiel beendet ist.

Experiment: *Mein Hund spielt nicht. Vielleicht noch nicht! Vielleicht auch nicht wild und lange. Wenn Sie Ihren Hund genau beobachten, werden Sie erkennen,* *was ihn zum Spiel motiviert. Bewerten Sie die Qualität eines Spieles nicht daran, wie wild das Gezerre ist, sondern an der Motivation Ihres Hundes, das Spiel durchzuhalten. Gerade Futterspiele und Fangspiele können für den Hund einen hohen Wert haben. Wie soeben schon angedeutet: Sie können das Futter noch hochwertiger machen, indem Sie es zunächst verstecken oder wegwerfen. Erinnern Sie sich an die Fangspiele der Kindheit. „Du kriegst mich nicht" war immer Motivation, sich mehr anzustrengen. Aber „Du kriegst mich/es nie" war frustig. Finden Sie die richtige Mischung.*

Auch Hunde, die sich nicht für den Ball oder eine Zerrbeute interessieren, lassen sich meist motivieren. Binden Sie den Hund an und spielen mit dem Spielzeug, als wäre es das Tollste auf der Welt. Trauen Sie es sich, auch wenn es auf andere „balla balla" wirkt. Der Hund wird Interesse zeigen, aber er bleibt bei diesem Spiel außen vor. Das machen Sie mehrfach an aufeinander folgenden Tagen. Ihr Hund bleibt Zuschauer. Wenn Sie das Gefühl haben, der Hund will nach einigen Tagen wirklich in das Spiel einsteigen, dann haben Sie gewonnen. Ähnliches geht übrigens auch mit Futter. Alles, was einem vorenthalten wird, macht neugierig und verstärkt das Interesse daran.

Noch etwas: Hören Sie auf, wenn das Spiel am schönsten ist. Damit erhalten und fördern Sie die Spielbereitschaft für das nächste Mal.

Sport – ein gemeinsames Hobby

„No sports" ist auch ok.

Diesen kurzen Abschnitt können Sie überspringen und erst wieder auf Seite 43 weiterlesen, wenn Sie ganz sicher sind, dass Hundesport nichts für Sie ist. Wenn Sie diese Meinung überdenken möchten, lesen Sie jetzt einfach weiter. Hundesport ist für viele Hundebesitzer und sicherlich manche Leser kein attraktives Ziel. Für den Hund dagegen ist es meist eine spannende Beschäftigung. Die Wurzeln des Hundesports liegen in der Zuchtauslese sowie darin, den Hund für notwendige und dem Menschen nützliche Aufgaben zu trainieren: Für den Schutz, zum Jagen, zum Hüten. So nennt man Hunderassen, die diese Aufgaben erfüllen können, noch heute „Gebrauchshunde". Im Hundesport trainiert das Team bestimmte Übungen, die sich je nach Sportsparte (Obedience, Agility, Schutzhundesport/VPG/IPO, Dog-Dance, Rally-Obedience, Mantrailing, Fährten, Leistungshüten, Rettungshundesport, etc.) sehr unterscheiden. Im Hundesport werden unterschiedliche Triebe des Hundes genutzt und gezielt gefördert. Wer sich in einer Prüfung misst, wird danach bewertet, wie gut der Hund vorgegebene Aufgaben löst und wie harmonisch das Team sich zeigt. Im Hundesport muss der Hund auf feine Signale achten und sich nicht ablenken lassen. Doch, wie schon erwähnt, kann ein verlässlicher Sporthund im Alltag durchaus ein schwieriger Hund oder sogar in manchen Bereichen ungezogener Hund sein. Die Reize im Sport sind andere als im Alltag.

Die Motivation für den Hundesport reicht von „Ich tu meinem Hund und mir einmal die Woche etwas Gutes" (bei manchen: wenn das Wetter nicht zu schlecht ist und ich nichts anderes vorhabe) bis „Ich möchte in meinem Sport ganz an die Spitze kommen". Dafür braucht es dann viel Zeit, Leidenschaft, die richtigen Trainingspartner und einen Hund, der alle Voraussetzungen für den Leistungssport mitbringt.

Überlegen Sie: *Was spricht für mich und meinen Hund für und gegen den Hundesport? Welche Erlebnisse und Informationen haben dazu geführt, dass ich den Hundesport kritisch betrachte? In welcher Intensität und mit welchem Anspruch könnte ich mich für den Hundesport entscheiden?*

Übrigens: Die meisten ambitionierten Hundesportler heute wissen, dass ein Hund unter Stress und Druck schlechter lernt und Ausstrahlung und Arbeitsfreude in den Übungen verliert. Gehorsam und ein „Nein" lernen Sie Ihren Hunden deshalb im Alltag und nicht im Sport. Sie wissen:

Ein „Nein" sagt nur, was nicht getan werden sollte. Mit „Nein" alleine lernt ein Hund niemals, was stattdessen getan werden sollte. Deshalb muss nicht nur „Nein", sondern vor allem (und am besten zuerst!) ein gewünschtes Alternativverhalten trainiert werden!

Führen durch Haltung

Haltungen: die Muttersprache jeden Hundes

Schon ein Welpe interpretiert Ihre Haltung und zeigt auf Ihre Haltung ein bestimmtes Verhalten.

Genauso wie er schon auf Umweltreize und auf die Haltung von Artgenossen und anderen Lebewesen reagiert. Haltungen und Körpersignale lösen Verhalten aus. Haltungen fordern auf, Grenzen zu überwinden und Grenzen zu achten.

"Mit einem kurzen Schweifwedeln kann ein Hund mehr Gefühle ausdrücken, als ein Mensch mit stundenlangem Gerede."

Louis Armstrong

Sprache muss ein Hund erst lernen

Unsere Wortkommandos versteht kein Hund auf Anhieb. Wortkommandos sind ausnahmslos antrainiert. Wenn Sie statt „Sitz" immer „Platz" sagen würden, würde Ihr Hund später bei „Platz" „Sitz" machen. Wortkommandos sind für den Hund grundsätzlich schwieriger als Körpersignale, auch Körperhilfen genannt, zu verstehen. Körperhilfen geben im Hundesport deshalb Abzug, weil ein Hund, der auf Wortkommandos ohne Körperhilfen genauso präzise reagiert, zumeist besser und länger trainiert worden ist.

Im Alltag wollen Sie keine Punkte, sondern Sie wollen einen gut erzogenen Hund. Also können Sie es sich und Ihrem Hund leichter machen, indem Sie mit deutlichen und klaren Körpersignalen arbeiten. Ihr Hund hat aber nicht nur Augen, sondern auch gute Ohren. Deshalb reagiert Ihr Hund von Anfang an hervorragend auf Ihre Stimme. Aber nicht auf die Wortbedeutung, sondern auf den stimmlichen Ausdruck! Hunde reagieren neugierig und freudig auf ein mit hoher Stimme gesprochenes „Eideidei-Getue". Mit knurrenden „bösen Worten" signalisieren Sie Ihrem Hund, dass er Dinge tut, die Sie (jetzt) nicht wollen. Sie sehen schon, welche unterschiedlichen Stärken und Schwächen Männer und Frauen alleine schon von Ihrer Stimmlage her haben.

Experiment: *Männer, lernt zu säuseln und zurückhaltend aufzutreten, Frauen, lernt zu knurren und breitbeinig mit entschlossener Haltung aufzutreten. Und probiert es beide auch mal ohne Worte – mit ausdrucksstarker Pantomine.*

Geben Sie keine Kommandos, die (noch) nicht ausgeführt werden

Als Hundetrainer erlebt man immer wieder das Gleiche: Der Welpe oder Junghund kann noch keine sicheren Wortkommandos. Aber die Besitzer rufen mit unfreundlicher Stimme „Hierher". Selbst in einer Situation, in der der Hund etwas anderes tun möchte. Was wird der Hund tun, wenn er überhaupt eine Reaktion zeigt? Er wird wegbleiben von dem „unfreundlich Bösen". Mit einem freundlich lockenden Ausdruck hätten sie weitaus mehr Erfolg gehabt, da die Worte noch nichts bedeuten. Entsprechend ungeschickt ist es, den Namen unfreundlich zu rufen. Oder ein „Nein" ohne wirkliche Konsequenz, wenn das „Nein" nicht befolgt wird. So machen Sie Ihre Kommandos zunichte, sich unglaubwürdig und es Ihrem Hund schwer, Sie als Führer anzuerkennen.

Ein Kommando wird langsam aufgebaut. Erst nur mit Körperhilfen und viel Belohnung – in einer Umgebung ohne Ablenkung. Dann wird das Wortkommando zusätzlich zur Körperhilfe eingeführt. Dann wird mehr und mehr unter Ablenkung geübt. Wer möchte, baut dazu die Körperhilfen weiter ab, bis der Hund schon auf das Wortkommando das gewünschte Verhalten zeigt.

Experiment: *Wählen Sie ein Kommando, von dem Sie glauben, es ist sicher. Jetzt gehen Sie 30 Meter weg, drehen dem Hund den Rücken zu und bewegen sich nicht. Jetzt sagen Sie dieses vermeintlich sichere Kommando. Falls Ihr Hund dann sofort reagiert (Sie brauchen eine Hilfsperson oder einen Handspiegel, um es zu überprüfen), dann hat Ihr Hund das Kommando wirklich verstanden.*

Wenn ja, herzlichen Glückwunsch. Wenn nicht, auch völlig ok. Denn das erfordert weiteres intensives und spezielles Training. Sie wissen aber nun, dass Ihr Hund vor allem auf Ihre Haltung, Ihre Körpersprache reagiert.

Zurück zur Haltung. Die Körperhaltung ist im hohen Maße von unserer inneren Haltung bestimmt. Stimmt die innere Haltung mit der äußeren Haltung überein, so nennt man das in der Psychologie Kongruenz. Oder der Mensch ist authentisch, er verstellt sich nicht. Hunde sind perfekt darin, „Unechtes" im Verhalten zu erkennen. Menschen lassen sich von vermeintlicher Führungsstärke leichter blenden. Sie erinnern sich noch an das Zitat von Bismarck. Die Hunde können uns und unsere Haltung besser lesen, als wir die ihre.

Sie müssen für Ihren Hund glaubhaft sein – oder werden

Ihr Hund muss Ihnen Ihre Kommandos abnehmen. Ein „Nein" ohne die entsprechende innere und äußere Haltung, das „Nein" ohne den Willen, sich durchzusetzen, macht Sie als Hundeführer unglaubwürdig. Deshalb ist es elementar wichtig, sich über Ihre Haltung, Ihre Meinung zu bestimmten Dingen klar zu werden. Es macht einen großen Unterschied, ob Sie der Meinung sind, ein Hund kann nur durch positive Bestätigung erzogen werden (und Sie werden trotzdem „Nein" sagen – spätestens, wenn Ihr Hund auf die Straße rennt), oder ob Sie der Meinung sind, Fehlverhalten treibt man nur durch überharte Konsequenz aus (dann sind Sie ein grober Klotz und können Ihrem Hund nicht viel Positives geben).

Ein guter Hundeführer verändert seine Haltung, um das Verhalten seines Hundes gezielt zu verändern! Denn er ist sich über die Wirkung seiner inneren Haltung und seiner Körperhaltung im Klaren!

Es ist so wichtig, dass ich es wieder und wieder wiederhole:

Die Folge von halbherzigen „Neins" ist die, dass diese immer häufiger gebraucht werden – mit zunehmend weniger Erfolg. Der Hund stumpft ab. Zu viele Hunde hören öfters ein „Nein" als Ihren Namen!

Überlegen Sie: *Im Wort Meinung steckt der Wortanteil „mein" und das sollte zu denken geben. Denn es weist darauf hin, dass Meinungen immer subjektiv sind. Menschen neigen dazu (das ist psychologisch gut untersucht und können Sie täglich bei sich und anderen beobachten), besonders die Dinge wahrzunehmen (man achte auf den Wortanteil „wahr"), welche die eigene Meinung bestätigen. Wer fundamentalistisch an seiner Meinung festhält und andere Meinungen für dumm und falsch abtut, ist selten ein angenehmer Gesprächspartner und Zeitgenosse. Er ist auch kein guter Hundeführer, der in der Lage ist, verschiedenen Hunden und Situationen gerecht zu werden. Das ist meine persönliche MEINung.*

Denken Sie einmal daran, wie Meinungen grundsätzlich Trends unterworfen sind. Was heute für richtig gehalten wird, kann morgen schon in der Diskussion stehen und übermorgen schon wieder angesagt sein.

Mut zur eigenen Meinung, offen für andere

Unsere Meinung – unsere Grenzen

Es ist Fakt: Ihre innere Haltung bzw. Ihre Meinung beeinflusst Ihren Umgang mit Ihrem Hund in allen Bereichen – und begrenzt Sie zugleich. Ihre Haltung prägt alle Ihre Handlungen, meist unbewusst!

Mein Tipp: Hören Sie sich unterschiedliche Meinungen an – aber viel wichtiger ist: Achten Sie auf Ihren Eindruck vom Verhalten des Hundes und des Hundeführers. Wenn Ihnen dieser Eindruck und die Art gefallen, dann fragen Sie, welche Meinung dahintersteht. Manchmal hat der Hundeführer gar keine Meinung dazu, sondern tut es einfach. Aus dem Bauch heraus und weil es einfach funktioniert. Versuchen Sie, die Haltung von den Hundeführern nachzuahmen, bei denen Sie denken, so sollten wir als Team auch zusammenspielen. Das ist eine gute Basis, um Ihr Verhalten zu verändern. Das Verhalten Ihres Hundes ändert sich dann automatisch mit.

Ein eigenes Schlüsselerlebnis zur Wirkung der Haltung: Ich war vor vielen Jahren mit meinen noch jungen Kindern und meinem damaligen Junghund, einem Malinois im Flegelalter, im Wald. Natürlich an der Leine, weil er noch nicht sicher war und es dämmerte. Die größeren Kinder spielten an einer Schranke. Moritz, der Jüngste, damals erst 18 Monate alt, stand genau dort, wo die Schranke einrastet. Ich sagte: „Hört auf, an der Schranke zu schwingen, da steht Moritz." Was machte eine meiner Töchter? Sie schwang trotz der Aufforderung weiter, und es passierte genau das, was ich vermeiden wollte: Moritz kleiner Finger kam zwischen Schranke und Schrankenschloss. Der Reflex: Ich packte Anna impulsiv am Kragen und sagte ihr so deutlich die Meinung, wie ich es noch nie und niemals später mehr getan habe. Nun ging es auf dem schnellstmöglichen Weg zurück mit dem weinenden Moritz mit aufgeplatztem Finger auf dem Arm. Immer noch wütend und mit den Gedanken schon auf dem Weg zum Krankenhaus, war mir der Hund im Moment nicht wichtig, und er lief frei – ich hatte ja mit Blutstillen und Trösten zu tun. Dann rannte auch noch ein Reh über den Weg. Was passierte? Überhaupt nichts! Meine Haltung signalisierte allen – es reicht für heute – „Schluss mit lustig".

Experiment: *Nehmen Sie verschiedene Haltungen ein, am besten im stillen Kämmerchen vor einem großen Spiegel. Nehmen Sie eine übertrieben freundliche, wütende, beeindruckende Haltung ein. Verstärken Sie diese Haltung noch durch Ihren Stimmausdruck (es muss ja niemand im Haus sein). Wenn Sie das Gefühl haben, Sie sind in Ihrer Haltungsrolle sicher, dann testen Sie diese Haltungen an Ihrem Hund. Lassen Sie sich Feedback geben, wie Ihr Hund reagiert. Sie werden über die Reaktion Ihres Hundes verblüfft sein!*

Lernen Sie, ausdrucksstarke Haltungen schnell zu wechseln – damit gewinnen Sie massiv an Ausdrucksstärke gegenüber Ihrem Hund. Trauen Sie sich einfach. Stellen Sie sich vor, zu welcher Emotion und Entschlossenheit Sie in einer ernsten Situation fähig wären.

Überlegen Sie: *Überprüfen Sie Ihre innere Haltung: Was wäre für Sie ein berechtigter Grund, bei Ihrem Hund konsequent durchzugreifen? Was macht den Unterschied zu den Situationen, wo Sie Nachsicht haben und nicht entschlossen reagieren. Was hält Sie davon ab, Ihren Hund in bestimmten Situationen klar* *unterzuordnen? Welche Einstellung hindert Sie daran, Ihrem Hund deutlich die Grenzen aufzuzeigen, z. B. indem Sie Ihren Hund bedrängen. Gerade das Raum einschränken ist eine wirkungsvolle Methode, Respekt einzufordern.*

Wenn Sie die Grafik auf Seite 42 nochmals anschauen, verstehen Sie: aus Haltung wird Verhalten. Und häufig wiederholtes Verhalten prägt Ihre Beziehung. Mit dem Bewusstsein für die Macht Ihrer inneren und äußeren Haltung können Sie die Beziehung zu Ihrem Hund neu gestalten.

Vielleicht kennen Sie folgende Weisheit aus dem Talmud:

Achte auf Deine Gedanken, denn sie werden Worte.
Achte auf Deine Worte, denn sie werden Handlungen.
Achte auf Deine Handlungen, denn sie werden Gewohnheiten.
Achte auf Deine Gewohnheiten, denn sie werden Dein Charakter.
Achte auf Deinen Charakter, denn er wird Dein Schicksal.

Wir könnten ergänzen:

Achte auf Deine Gewohnheiten, denn sie prägen die Beziehungen zu Deinem Hund und so die gemeinsame Zeit mit ihm.

Wenn zwei das Gleiche tun …

Leider wird viel zu oft versucht, standardisierte Trainingstipps zu geben, ohne zu merken, dass diese Tipps nur in der bestimmten Geistes- und Körperhaltung wirklich funktionieren. Der Hund reagiert auf Ihre gesamte Ausstrahlung weitaus mehr als auf bestimmte Hilfsmittel und Trainingsdetails!

Eine freundliche, sichere Ausstrahlung und Haltung macht Sie für Ihren Hund attraktiv. Ihr Hund wird Sie toll finden, wenn Sie eine Spielhaltung einnehmen und er es gelernt hat, diese Haltung als Aufforderung zu verstehen. Ihr Hund wird beeindruckt sein, wenn Ihre Haltung plötzlich eindeutig signalisiert, dass nun „Schluss mit lustig" ist. Dazu braucht es keine Bestechung durch Leckerli.

Führung und Beziehung

Bereitschaft zur Kooperation und Verbundenheit

Ich weiß nicht, ob und wie Sie die enge Beziehung mit Ihrem Hund erleben. Für mich ist das Ziel und die Faszination beim „hundeln", dass die Kooperation mit dem Hund stetig wächst. Am Anfang muss vieles deutlich gezeigt werden. Der Hund versteht manche Dinge noch nicht, er interpretiert Signale noch falsch. Übe ich neue Dinge, helfe ich meinem Hund deshalb durch deutliche Haltung. Ich zeige ihm unmissverständlich und oft, wie ich mich über etwas Gelungenes freue. Ich zeige ihm den „Himmel der Gemeinsamkeit".

Je weiter die Ausbildung voranschreitet, umso feiner und genauer wird die Kommunikation. Ich kann mehr und mehr die Hilfen abbauen – aber nicht das Lob! Das Gefühl, mit dem Hund direkt verbunden zu sein, stellt sich immer öfter ein, Wie innerhalb einer Blase verlieren das Draußen, die Ablenkung, für den Hund und mich die Bedeutung. Bestimmend wird das Gefühl der Verbundenheit und das gemeinsame Fühlen. Dieses Erlebnis kann man im Alltag genauso wie im Sport erleben.

Auf dieses Idealbild zielt für mich letztlich Erziehung und Ausbildung – in dem Wissen, dass sich dieses Ziel nie zu 100 Prozent und in jeder Situation einstellen kann. Aber es motiviert, diesen Weg weiterzugehen. Ein Hund, der von sich aus die Verbindung herstellt, der „fragt" was als nächstes ansteht, der Spaß hat am gemeinsamen Tun, gibt mir das Gefühl von Glück – und wenn ich dabei den Hund anschaue, seine aufmerksame Haltung, die Energie in den Bewegungen, die stolze Haltung und die sich bewegende Rute, glaube ich, auch sein Glück zu spüren.

Experiment: *Wie oft erleben Sie dieses oder ein ähnliches Gefühl? Wie oft erleben Sie, dass Sie ein harmonisches Team sind? Wie oft können Sie erleben, dass Ihr Hund sich nur für Sie interessiert und Sie sich für ihn – Sie beide komplett mit Leidenschaft bei der gemeinsamen Sache aufgehen. Mein Tipp: Machen Sie sich diese Erlebnisse groß und nehmen Sie das als Ansporn weiterzuüben.*

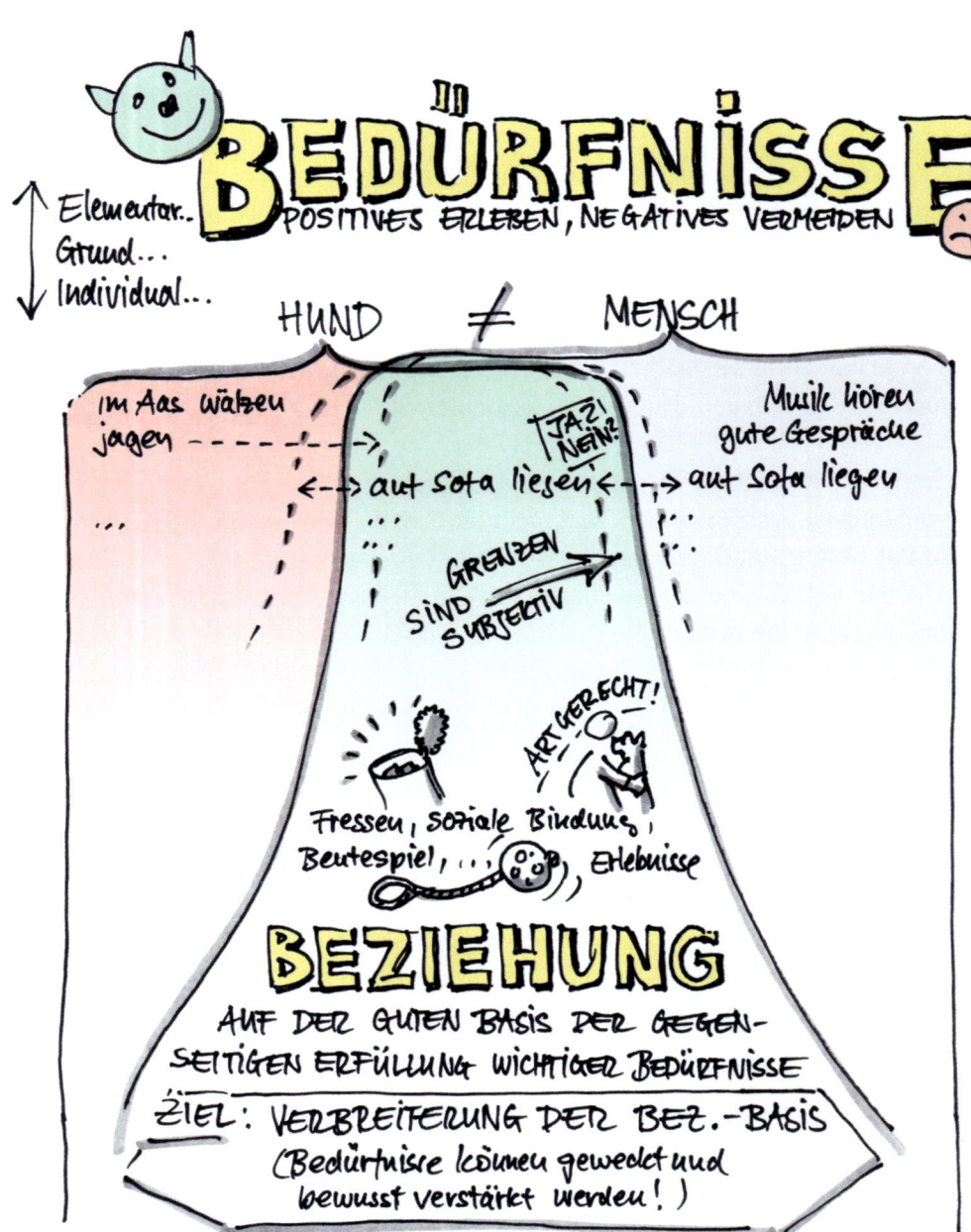

Bedürfnisse

Bedürfnisse sind Antreiber – für Sie und Ihren Hund

Bedürfnisse bestimmen unsere Ziele

Für die Erfüllung wichtiger Bedürfnisse sind wir bereit, viel zu tun oder sogar unangenehme Konsequenzen zu tragen. Werfen wir deshalb zunächst einen grundsätzlichen Blick auf Bedürfnisse, da für Hund und Mensch Bedürfnisse die stärksten Motivatoren sind.

Auch wenn man Zitate der „Erfolgsgurus" mit gesunder Skepsis betrachten sollte, nun Dale Carnegie zu Bedürfnissen und die Macht der Bedürfniserfüllung:

Es gibt auf der ganzen Welt nur eine einzige Methode (nämlich Bedürfnisse erfüllen), um andere Menschen zu beeinflussen: mit ihnen über das zu sprechen, was sie haben möchten, und ihnen zu zeigen, wie sie es bekommen können.

Zurück zu der genaueren Betrachtung der verschiedenen Bedürfnisse:

Welche unterschiedlichen Bedürfnisse gibt es?

Man unterscheidet zwischen Existenzbedürfnissen (wie z. B. Atmen, Nahrung), Grundbedürfnissen (soziale Bindung, Sicherheit) und Luxusbedürfnissen (Schmuck, ein tolles Auto). Diese Unterscheidung gilt auch für den Hund. Ein weiches Sofa als Liegeplatz ist eher ein angewöhntes Luxusbedürfnis. Spielen ist ein wichtiges Grundbedürfnis, und manches Grundbedürfnis wie z. B. Fortpflanzung lassen wir unseren Hunden nicht zu – und wenn doch, nur bewusst. Dieser Trieb hat für viele Rüden oft (ein)schneidende Folgen. Auch diese Eingriffe sind eine Meinung wert: Für nicht wenige ist das Kastrieren völlig o. k., während ein durchgesetztes Kommando schon der Tierquälerei verdächtigt macht. So ist ein massiver körperlicher Eingriff, der eine tiefgreifende Persönlichkeitsveränderung und Sozialveränderung bewirkt, nicht der Rede wert – ein unsensibler Leinenruck dagegen, den der Hund nach wenigen Sekunden wegsteckt, verdient einen Shitstorm. Verstehe das, wer mag. Sicherlich hat das mit MEINung und eigenen Bedürfnissen zu tun.

Werfen wir nochmals einen genaueren Blick auf die Unterschiede: Primäre Bedürfnisse haben alle, sekundäre Bedürfnisse sind dagegen individuell. Diese Unterscheidung hilft uns bei der Gestaltung unseres Trainings: Nicht für jeden Hund sind Leckerlis eine tolle Belohnung und nicht für jeden der Ball. Übrigens ist das Anfassen oder Streicheln im Training für wenig Hunde wirklich ein Bedürfnis. Beobachten Sie einmal, wie viele Hunde darauf reagieren oder sogar leicht zurückweichen! Besonders das Anfassen im Kopfbereich ist kritisch!

Wir müssen zudem zwischen materiellen und immateriellen Bedürfnissen unterscheiden. Die immateriellen Bedürfnisse wie Sozialkontakt und Spiel können starke Motivatoren sein, die im Vergleich zu den materiellen wie Spielzeug oder Futter im Training (zu) wenig genutzt werden.

Erwähnenswert sind ebenfalls Komplementärbedürfnisse. Das sind Bedürfnisse, die erst durch andere, schon befriedigte Bedürfnisse hervorgerufen werden: Ich habe einen Hund, jetzt möchte ich eine Autobox, eine bestimmte Leine, ins Hundehotel oder einen Wohnwagen. Ein Komplementärbedürfnis für den Hund ist: Jetzt renne ich schon voraus, dann kann ich auch gleich noch jagen gehen und mich dann noch auf dem Weg mit einer Hündin vergnügen.

Vorsicht: Selbstbestätigende Bedürfnisse

Besonders wichtig in Bezug auf die Erziehung und Ausbildung ist die Unterscheidung, welche der Bedürfnisse Ihr Hund sich selbst erfüllen kann und welche nicht. Denn wenn sich Ihr Hund seine Bedürfnisse häufig selbst erfüllen kann, ist seine Motivation zur Zusammenarbeit mit Ihnen weitaus geringer – er braucht Sie nicht! Ich stärke meine Position als Hundeführer, indem ich Herr über die Ressourcen zur Bedürfniserfüllung meines Hundes bin. Ich habe den

Ball, das Spielzeug, das Futter. Ich entscheide, ob ich Nähe zulasse oder nicht. Jagen dagen ist selbstbestätigend und deshalb schwieriger abzustellen – einen gleichwertigen Hasen werden Sie nicht aus der Tasche zaubern können.

Überlegen Sie: *Wie geht es Ihnen mit meinem Rat, sich zum „Herren" möglichst vieler Ressourcen zu machen? Ist Ihre Meinung davon geprägt, wie Sie menschliche Beziehungen gestalten wollen? Wie schon gesagt: Als Hundeführer sollten Sie eine gute Beziehung zum Hund anders definieren als eine gute Beziehung zu Freunden oder dem Partner. Sie sind als Hundeführer für Ihren Hund beeindruckend und ein wichtiger Bedürfniserfüller durch Ihre Fähigkeiten, einen Ball oder das Futter hervorzuzaubern. Aber auch, Wenn Sie klar kommunizieren und Sicherheit geben! Letztendlich spielen Sie mit der Sucht des Hundes nach bestimmten Bedürfnissen. Deshalb ist es wichtig, nicht zu überziehen. Ein Balljunkie als Hund nervt, wenn Sie diesen Trieb nicht beherrschen können.*

Experiment: *Sind Sie bereit für ein Experiment mit starker Wirkung? Machen Sie sich zum „Chef" über möglichst viele Dinge, die Ihrem Hund wichtig sind. Werden Sie ab heute Chef über die Ressourcen und bleiben Sie es!*

Für eine Woche bekommt Ihr Hund möglichst nichts mehr umsonst. Er wird z. B. nur für eine bestimmte Leistung bestätigt. Die Leistung kann ganz einfach sein. Er muss beispielsweise nur den Augenkontakt suchen und ihn eine Weile halten. Keine Angst, wenn der Hund nun immer aufdringlicher wird und über den Augenkontakt sein Futter- oder Aufmerksamkeitsbedürfnis stillen möchte. Dann haben Sie einen wunderbar motivierten Hund, der bereit ist, mit Ihnen zu trainieren.

Der Hund bekommt nicht länger ein Spielzeug, um sich damit alleine zu vergnügen. Den Ball gibt es nur bei gemeinsamen (Zerr-)Spielen. Den Ball wegwerfen und der Hund kommt damit nicht mehr zurück, ist ein Beispiel für selbstbestätigendes Verhalten. Ihr Hund braucht Sie dann nicht zum Spielen. Schade!

Der Hund bleibt auf seinem Platz, bis er aufstehen darf. Notfalls binden Sie ihn an, wenn er noch nicht sicher an seinem Platz bleibt. Selbst für Aufmerksamkeit von Ihnen muss Ihr Hund in dieser Woche etwas tun. Wenn Sie jetzt schwach werden und nur denken, ich fordere Sie auf, ein herzloser Hundeführer zu werden, machen Sie es bitte trotzdem erst einmal für einen Tag. Schauen Sie sich nach diesem Tag Ihren Hund an, ob er einen traurigen Eindruck macht – ich garantiere Ihnen, er ist im Gegenteil aufmerksam und besonders munter! Er schätzt diese neue Klarheit Ihrer Beziehung. Er versteht den einfachen Zusammenhang: Wenn ich etwas Bestimmtes tue, mache ich mein Leben angenehm! Statt länger nein, nein, nein zu hören, beherrsche ich nun endlich meinen Menschen."

Das Erleben von Selbstwirksamkeit macht nicht nur Hunde stark.

Ihr Hund versteht und richtet sein Verhalten danach aus: „Von nichts kommt nichts", und er hat verstanden, welches Verhalten zum Erfolg führt. Dass letztlich Sie die Fäden in der Hand halten, ist Ihrem Hund egal – er weiß es nicht!

Zur weiteren Beruhigung: Erstens werden Sie trotz aller Bemühungen nicht zu 100 Prozent hinbekommen, absolut konsequent zu sein. Wenn der Hund diese neue Klarheit in seinem Leben erst einmal verinnerlicht hat, wird alles wieder „normaler" – eingeschlossen Streicheleinheiten und Futter für „nix". Aber die Grundhaltung, erst gewünschtes Verhalten zeigen, dann das Erfüllen von Bedürfnissen, behalten Sie bitte bei. Denn Ihr Hund wird dadurch sicherer und seine Bindung zu Ihnen verstärken. Und noch etwas zur Beruhigung – spielen werden Sie in dieser Zeit ja hoffentlich mit Ihrem Hund. Hier erlebt er Freude und Bedürfniserfüllung für ganz umsonst! Dieses Experiment wird nebenbei das Spiel noch attraktiver für den Hund machen.

Eine gute Beziehung stillt Bedürfnisse

Fassen wir zusammen:

Ich als Hundeführer wecke und stärke die Bedürfnisse, die meinen Hund zu einem für mich guten Begleiter machen. Ich unterbinde die Bedürfnisse, die für mich nicht akzeptabel sind. Das ist immer individuell! Dem einen macht es wenig aus, wenn sein Hund von Zeit zu Zeit jagen geht. Der andere fördert sogar das Jagdverhalten und bringt dieses Verhalten unter Kontrolle. Der eine Hund darf aufs gemeinsame Sofa, der andere sogar ins Bett. Seien Sie sich von Anfang an klar darüber, welche Bedürfnisse Ihres Hundes für Sie o. k. sind und welche nicht. Seien Sie sich klar darüber, welche Bedürfnisse Sie fördern und welche Sie einschränken wollen.

Füllen Sie die noch leeren rosafarbenen und grauen Spalten der Grafik auf Seite 46 aus.

Mehrere Köche verderben den Brei

Wenn sich mehrere Personen mit Ihrem Hund intensiver beschäftigen, müssen Sie auf bestimmte Dinge besonders achten. Sie werden erleben, dass ein Hund die unterschiedlichen Bezugspersonen austestet. Das ist ähnlich wie bei Kindern, die versuchen, Mama, Papa, Tanten und Großeltern speziell für ihre Sache zu gewinnen. Deshalb brauchen Sie bei Ihnen wichtigen Verhaltensweisen klare Regeln, an die sich jeder hält, der mit Ihrem Hund mehr zu tun hat. Ganz besonders in der Zeit, in der Sie unerwünschtes Verhalten abstellen möchten!

Seien Sie fair und gerecht

Erst ein Bedürfnis zulassen und es dann wieder einzuschränken, macht die Erziehung schwieriger. Heute so und morgen anders, ist für Ihren Hund unverständlich. Betrachten Sie es einmal von der Beziehungsseite: Mit jeder Unklarheit heben Sie vom gemeinsamen Beziehungskonto ab; mit Klarheit zahlen Sie auf das Beziehungskonto ein.

Es bleibt in der Praxis nie aus, dass manche Bedürfnisse erst später wieder eingeschränkt oder in Bahnen gelenkt werden müssen. Manche Bedürfnisse werden erst mit der Entwicklung Ihres Hundes oder durch bestimmte prägende Erlebnisse zum Problem. Es gilt für Hund und Mensch: Es ist schwieriger, Angewohnheiten zu ändern, als Neues zu lernen. Das Einschränken von Bedürfnissen, die schon gefestigt sind, wird länger brauchen und muss mit mehr Konsequenz und einem überlegten Konzept angegangen werden. Es ist aber (fast immer) möglich, unerwünschte Bedürfnisse „zurückzuschrauben". Das gelingt Ihnen umso leichter in der Haltung „Ich bin der Chef".

Denken Sie daran, Sie haben immer die Verantwortung:

Egal was Sie tun oder nicht tun, mit Ihrer Haltung prägen Sie das Leben Ihres Hundes auf die eine oder andere Art.

Überlegen Sie: *Manche Hundebesitzer denken, Sie erfüllen die Bedürfnisse des Hundes mit „Hunde-Bio-Dinkel-Keksen" (übrigens sind diese so hübsch verpackt, dass ich sie schon aus Versehen selber gegessen habe – gar nicht schlecht und vor allem nicht pappsüß). Dagegen erfüllen Sie die Bedürfnisse nach klaren Regeln, nach Sicherheit, nach Verlässlichkeit, nach freiem Rennen in der Natur nicht. Oder wie eine Hundebesitzerin zu uns sagte, nachdem unsere Hunde Platz machen mussten: „Die armen Hunde, sie müssen ja immer hören."*

Fazit:

Je mehr Bedürfnisse Sie Ihrem Hund gezielt erfüllen, umso stärker wird das Band zwischen Ihnen werden. Ein guter Hundeführer weiß nicht nur um die artgerechten sondern ebenfalls die individuellen Bedürfnisse seines Hundes. So nimmt er auf die momentane Verfassung seines Hundes Rücksicht! Ein Hund, der sich nicht wohl fühlt, der müde ist oder sogar Schmerzen hat, hat andere Bedürfnisse – und sicher kein Bedürfnis nach Training. Auch im Laufe seines Lebens und seiner Entwicklung ändern sich die Bedürfnisse eines Hundes. Trainieren Sie immer so, dass Sie aktuelle, starke Bedürfnisse erfüllen. Entsprechend müssen Sie die Trainingssituation und -umgebung gestalten: Mit den passenden Motivatoren und Hilfsmitteln (gutes Futter, Lieblingsspielzeug, Leine(n), Feedbackgeber...), mit dem richtigen Maß an Ablenkung und ganz wichtig mit dem Plan, was genau und wie lange Sie trainieren wollen. Sonst geht es Ihrem Hund so:

Sie mögen Äpfel, aber Sie bekommen, natürlich bestens gemeint, Aprikosen geschenkt – auf die Sie allergisch reagieren!

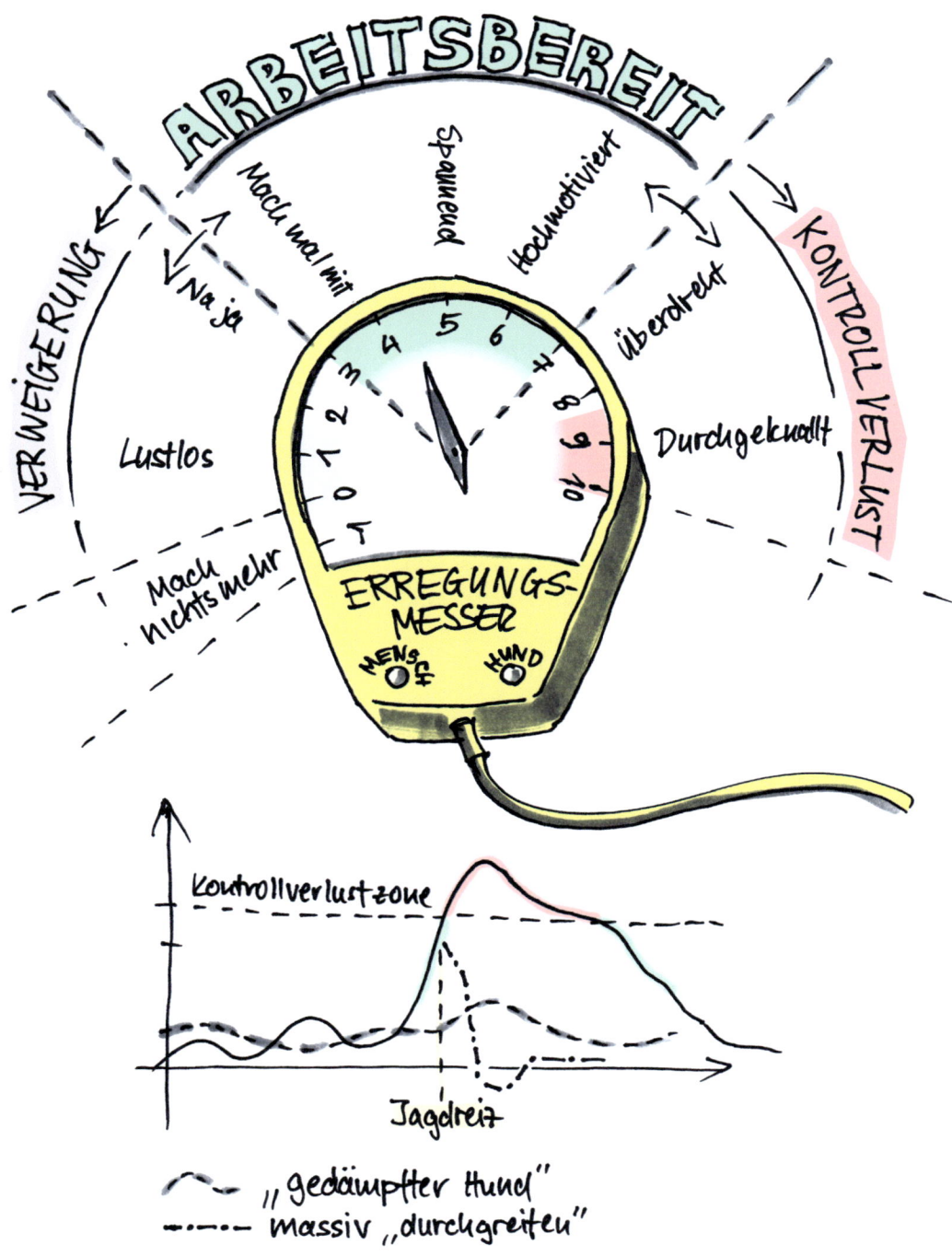

Erregung erkennen, Erregung steuern

Vermeiden Sie den roten Bereich

Was wäre, wenn Sie Ihren Hund einfach „regeln" könnten?

Immer mehr Leute tragen Sportuhren: Die gemessenen Körperdaten sollen Aufschluss geben, in welchem Fitnesszustand sie sind und wie sie ihr Training gestalten sollen.

Ein Erregungsmesser wäre ebenfalls ein gutes Hilfsmittel für das Hundetraining Vor allem, wenn sowohl Sie als auch Ihr Hund einen tragen würden. Damit könnten Sie vieles erklären, was in der Kommunikation zwischen Mensch/Hund/Umwelt passiert. Sie würden verstehen, warum Ihr Hund das tut, was er tut. Ihnen würde klar werden, warum manche Erziehungstipps nicht funktionieren können.

Nehmen wir an, Sie könnten die Erregung, die Begeisterung auf einer Skala zwischen 0 und 10 (zwischen völlig antriebslos und durchgeknallt) messen. Dann sähen Sie auf der Skala, dass es Bereiche gibt, in denen Gehorsam oder vernünftiges Arbeiten und Üben mit dem Hund nicht möglich sind.

Sie sind ein guter Hundeführer, wenn Sie Ihren Hund in einen situationsgerechten „Arbeitsbereich" bringen und halten können.

Das heißt: Manchmal müssen Sie Ihren Hund aktivieren und manchmal runterregeln. Aktivieren können Sie durch Motivatoren, indem Sie die Erfüllung seiner Bedürfnisse in Aussicht stellen. Runterregeln können Sie Ihren Hund durch bewusst ruhiges Handeln und in Extremsituationen durch das Einfordern von „echter" Unterordnung. Das kann zum Beispiel sein, dass der Hund von einer Sache weichen muss. Sie beschränken die wichtige Ressource Raum. So vertreibt ein Hund einen anderen vom Knochen. So nimmt sich ein ranghöherer Rudelgenosse das Recht, einen Rangniederen in seinem Bewegungsradius einzuschränken. Wie macht er das? Mit einer eher ruhigen steifen Drohhaltung – bereit zur schnellen Eskalation und Einwirkung! Grenzen werden durch gefährlich wirkende Ruhe, nicht durch Hektik und Gezerre eingefordert!

Wer (immer) kämpfen muss, ist schwach

Dominanz (nennen Sie sie gerne Führungsstärke oder wie Sie wollen) wird de-mon-striert, indem man den Kampf gar nicht erst aufnehmen muss, weil man mit seiner Haltung schon Stärke und Entschlossenheit zeigt. Viele Rangkämpfe in der Natur werden nicht ausgefochten, wenn einer der Gegner dem anderen deutlich überlegen ist und der Unterlegene dieses anerkennt. Nur Halbstarke müssen sich immer wieder beweisen. Gerade diese „Rangkämpfchen" untergraben die Autorität. Sie wissen jetzt, welches Beispiel wieder kommt? Ja, es sind die vielen „Neins", die nicht wirkliche Klärung bringen. Auf dem Erregungsmesser sieht das dann wie folgt aus: Der Hund macht etwas Verbotenes, nehmen wir an auf der Erregungsstufe 8. Nun bringen Sie ihn mit Ihrem „Nein" auf Stufe 5. Nach kurzer Zeit ist Ihr Hund wieder auf 7 vielleicht sogar schon wieder auf 8. Je öfter Sie dies machen, umso härter und abgestumpfter wird er schon nach kurzer Zeit werden. Irgendwann bringen Sie ihn mit dem „Nein" in gleicher Intensität nicht mal mehr von 8 auf 7. Dann trainieren Sie im Bereich der andauernden Auseinandersetzung – ähnlich Halbstarken auf dem Pausenhof.

Experiment: *Wir veranschaulichen es jetzt gleich an einem Thema, welches jeden Hundebeitzer heute besonders angeht: Anti-Giftköder-Training. Wir legen zum Trainieren Nass-Katzenfutter aus. Die Motivation, sich dieses einzuverleiben, liegt bei 8. Nun könnten Sie mit nein, nein, nein Ihren Hund mehr oder weniger an der Leine daran vorbeischleifen. Er ist dann auf Level 6 und hat immer noch großes Interesses am Futter. Lernen wird er dabei wenig. Am nächsten Futterhaufen hätte er schon garantiert wieder großes Interesse.*

Deshalb ist unser Ziel, so entschlossen aufzutreten, dass Futter zur „heißen Herdplatte" wird. Futterverweigern kann man übrigens sehr gut auch durch Futteranzeigen trainieren (S. 101). Doch wir nutzen die Übung, um ein Meideverhalten und sicheres „Nein" in Alltagstriebsituationen aufzubauen. Die Übung konkret: Sie haben Ihren Hund an der Leine, aber nur zum Absichern. Nun blockieren Sie den Weg zum Futter durch eine klare, selbstbewusste Körper-sprache – stets bereit, mit Nachdruck zu eskalieren. Weit über 90 Prozent der Hunde reagieren auf diese Übung, und es braucht diese Eskalation niemals. Setzen Sie dieses so durch, dass Ihr Hund das Futter komplett meidet. Er muss einen großen Bogen um dieses Futter machen. Dieser große Bogen ist Ihnen aber nicht genug, Sie fordern ein noch deutlicheres Meiden des Futters ein. Ihr Hund sollte auf dem Erregungsmesser bezüglich „Fressen" unter null sein. So verhält sich übrigens ein ranghohes Rudelmitglied. Googeln Sie mal in Youtube „Rangordnungskämpfe" im Rudel. Haben Sie bitte kein schlechtes Gewissen und denken, Sie müssten sich bei Ihrem Hund entschuldigen. Das macht Sie unglaubwürdig. Hat Ihr Hund eine gute Bindung zu Ihnen, wird er schnell in den Flirt-Modus (S. 27) umschalten. Gehen Sie nicht gleich darauf ein. Kurz darauf fordern Sie eine Übung, die Ihr Hund sicher kann. Dafür loben Sie ihn überschwänglich. Gerne mit leckerem Katzenfutter – selbstverständlich nicht mit dem Trainingsköder.

Auf diese Art lernt Ihr Hund nicht nur, etwas potenziell Gefährliches zu meiden, sondern ein nachdrückliches Nein im Alltag. Diese Übung muss, richtig gemacht, fast nie mehr wiederholt werden. So haben Sie in wenigen Minuten ein sicheres Signal aufgebaut. Oder wie oft haben Sie auf die heiße Herdplatte gefasst?

Das ist für den Hund schlüssig und gibt ihm Sicherheit. Selbstverständlich muss die Einwirkung, um den Hund unter 0 zu bringen, dem Hund absolut angemessen sein. Wie gerade betont: Erfahrungsgemäß ist für fast alle Hunde ein knurrender Laut mit einer klaren Körpergeste eindrucksvoll genug. Sie müssen (und dürfen!) die Einwirkung nicht überziehen. Wieder etwas zu Ihrer Beruhigung: Der normale Hundeführer ist „lieb" im Vergleich zu jedem Hund, der Ihren Hund zurechtweist. Handeln Sie wie ein souveräner Hund. Er zeigt Grenzen klar, schnell und eindrücklich; er droht nichts an, was er nicht auch durchsetzt; er genießt nicht Überlegenheit und Macht und fordert diese andauernd ein; er kümmert sich nach einer Auseinandersetzung nicht um Wiedergutmachung; er hat keine Angst davor, die Beziehung zum anderen Hund belastet zu haben; er geht einfach seinen Weg – der andere Hund folgt im Vertrauen. Vertrauen kann Mann/Frau/Hund demjenigen, dessen Handlung berechenbar ist!

Im grünen Bereich ist die Welt in Ordnung

Sicher unterwegs mit dem „gedämpften", entspannten Hund

Eine andere Möglichkeit ist es, und das ist in reizvollen Alltagssituationen meist die beste, den Hund gar nicht erst aufdrehen zu lassen bzw. bewusst zu dämpfen. Denn bei einem erregten Hund kann die Erregung leicht überspringen. Ein Hund, der wild mit dem Ball spielt, ist meist jagdbereiter als ein Hund, der etwas gedämpft hinter Ihnen schnüffelnd „daherdackelt". Konkret: Ein Hund, der im oberen grauen Bereich im „na ja"- bis „mach mal mit"-Level mit Ihnen unterwegs ist, lässt sich besser führen. Dieser Erregungslevel wäre im Hundesport oder Spiel unpassend. Es ist aber der empfehlenswerte Modus für einen nicht ganz zuverlässigen Hund beim Spaziergang in der Dämmerung. Auch ein Hund in natürlicher Umgebung im Rudel ist häufig in diesem entspannt gedämpften Erregungszustand.

Experiment: *Bringen Sie Ihren Hund durch die Körpersprache „hinter" sich. Das heißt, er muss für eine Weile immer hinter Ihnen bleiben. Sobald er vorbei möchte, vertreiben Sie den Hund wieder in seine Position. Diese Position trainieren Sie einige Tage für wenige Minuten. Bald wird es für Ihren Hund normal sein, in dieser Position zu bleiben. Sie können dazu auch ein Kommando wie „Hinten" (S. 101) antrainieren. Ihre Haltung dabei: Sie tun so, als würden Sie Ihren Hund nicht beachten. Ihr Blick ist nicht auf den Hund, sondern auf die Umwelt gerichtet. Sie ändern dabei immer wieder entschlossen und zügig die Laufrichtung. Ihr Hund wird Ihnen bald aufmerksamer folgen. Sehr gut lässt sich dieses Folgen im Wald zwischen Bäumen und Hindernissen oder auf engen Wegen üben.*

Wenn dieses Verhalten gut klappt, können Sie zwischendurch eine Übung einbauen oder mit Ihrem Hund kurz spielen. Wichtig dabei: Signalisieren Sie Ihrem Hund deutlich, dass nun ein anderes Verhalten gefragt ist. Lösen Sie deshalb bewusst das „Hinter" auf. Nach der kurzen Spiel- oder Übungseinheit bringen Sie Ihren Hund wieder in die gedämpfte „Hintern-Position". Es entspannt Ihren Hund, dass er in der „Hintern-Position" eine gewisse Freiheit hat. Seien Sie sich darüber im Klaren, wie weit Ihr Hund zurückbleiben darf und signalisieren Sie ihm das.

Sie müssen für einen zuverlässigen Hund etwas investieren

Es wurde schon am Anfang erwähnt: Diese Trainingsspaziergänge sind zunächst anstrengend für Sie, denn Sie arbeiten mit Ihrem Hund, statt Ihren eigenen Gedanken nachzuhängen. Ihr Lohn ist ein sicherer Hund, mit dem Sie unterwegs sein können, ohne ihn immer im Fokus haben zu müssen.

Denken Sie immer daran: Es ist für den Hund nicht attraktiv, mit seinem Besitzer etwas zu unternehmen, wenn dieser häufig nicht bei der Sache ist. Ein Hund mit Bindung möchte mit Ihnen etwas Artgerechtes erleben – auch auf dem Spaziergang. Hinterherzutrotten und aufmerksam sein, welchen Weg Sie einschlagen, ist ebenfalls spannend – auf einem niedrigen Erregungslevel.

Auch das wurde schon erwähnt: Gassigeher, die sich nur mit anderen Hundebesitzern treffen, um ihre Hunde miteinander spielen zu lassen und sich dabei mit den anderen Gassigehern angeregt zu unterhalten, müssen sich nicht wundern, wenn ihr Hund immer mehr das Interesse an ihnen verliert. Deshalb: Sie müssen Ihrem Hund etwas geben, Sie sind derjenige, der Bedürfnisse erfüllt, nicht die Hundespielkameraden. Wenn die „geistige Leine" wirkt, kann Ihr Hund natürlich mit anderen Hunden spielen oder vorausrennen – denn Sie können ihn stets abrufen. Er kennt die Regeln und hält den Kontakt zu Ihnen.

Wichtig: Ich erlebe es auch immer wieder, dass wenn mein Hund z. B. im Urlaub am Strand mehr mit fremden Hunden spielt, das Spielen attraktiver wird. Er hält mehr und mehr Ausschau nach Spielkameraden. Umso wichtiger wird es, selbst für einen sicheren Hund, öfter ohne spielen zu dürfen, an einem Hund vorbeizugehen. Nicht spielen zu dürfen, mag für Ihren Hund keinen Sinn machen, aber Sie entscheiden! So hält man die Balance und das Gehorsam.

Ihr Erregungszustand beeinflusst Ihren Hund

Wahrscheinlich kennen Sie die folgende Situation: Ihr Hund hat bestimmte Verhaltensweisen, die Ihnen Stress machen, z. B. wenn er einen anderen Hund sieht, raufen oder spielen möchte. Folglich sind Sie „erregt" auf der Suche nach anderen Hunden. Diese Erregung spürt Ihr Hund und reagiert entsprechend darauf. „Aha, mein Hundeführer findet andere Hunde ebenfalls interessant, also ich auch". Es zeigt sich immer wieder: Gehe ich entspannt (aber trotzdem wach und geistesgegenwärtig) auf eine bestimmte Situation zu, zeige ich meinem Hund, dass er ebenfalls entspannt sein kann. Hier sind wir wieder beim Thema der inneren und äußeren Haltung. Deshalb jagt der gleiche Hund bei dem einen Gassigeher nie, beim anderen aber gerne!

Auch eine Beobachtung: Anfänglich sind meine Hunde bei Wildsicht noch ziemlich unter Strom. Und ich auch, weil ich dem jungen Hund noch nicht hundertprozentig vertraue. Je sicherer ich werde und umso mehr ich meinem Hund vertrauen kann, umso weniger interessiert ihn das Wild.

Experiment: *Überprüfen Sie in den wichtigsten Trainingssituationen Ihren eigenen Erregungszustand. Auch für Sie gilt: Im grauen und roten Bereich sollten Sie nicht mit Ihrem Hund trainieren – es bringt nicht viel. Manchmal machen Sie sogar eher noch etwas kaputt!*

Also bringen Sie sich manchmal runter und manchmal aktivieren Sie sich. Bewusstes Ausatmen entspannt Sie. Auch kleine Erfolge auf dem Weg machen sicherer. Je sicherer Sie werden, umso entspannter werden Sie – und Ihr Hund.

Aktivieren können Sie sich z. B. durch schnelles aktives Einatmen und kurzes Luftanhalten. Diese Spannung nimmt Ihr Hund wahr – und wird dadurch ebenfalls wach und erregt. Testen Sie das. Das kann mit einer entsprechenden Aufforderungshaltung zum Signal werden, sich jetzt zu konzentrieren.

Zum Schluss dieses Kapitels ein treffendes Zitat von Bertrand Russell:

„Der Grad unserer Erregung wächst in umgekehrtem Verhältnis zu unserer Kenntnis der Tatsachen – je weniger wir wissen, desto aufgeregter werden wir."

Also noch ein Grund mehr, uns und unseren Hund besser kennenzulernen und weiter zu üben.

Stimmt der Deal

Ihr Hund wägt ab – ähnlich wie Sie

Der Sog des Wertvollen

Betrachten Sie die Grafik und nehmen Sie die Position des Hundes ein:

Überlegen Sie: *Sie stehen an einer Wegkreuzung. Am Ende des einen Weges liegt ein Bündel Hunderter, am Ende des anderen nur ein paar Cent. Welchen Weg schlagen Sie ein? Was müsste passieren, dass Sie sich doch für die wenigen Groschen entscheiden?*

In dieser Situation befindet sich Ihr Hund z. B. beim Jagen. Ihr Hund entscheidet sich genauso wie Sie für den besten Deal. Je mehr der Deal die Existenz und Grundbedürfnisse betrifft, umso reizvoller und verlockender ist er. Umso mehr braucht es Impulskontrolle.

Wie viel einfacher ist Gehorsam, wenn es um ein Luxusbedürfnis geht. Wenn Sie Ihrem Hund befehlen, statt auf das weiche Sofa auf die weiche Decke zu liegen. So ist der Umstand „Mein Hund macht daheim alles" mit der „Deal-Theorie" zu erklären. In reizarmer Umgebung ist „Herkommen" für guten Lohn ein guter Deal. Mit dem Hasen vor den Augen ein schlechter.

Je größer der mögliche Gewinn, umso weniger wirkt die Strafe. Ein deutliches „Nein" in der Wohnung wirkt sofort, ein deutliches „Nein" beim Raufen nicht!

Erschwerend kommt hinzu: Der Hund denkt nicht an die Zukunft und die Schnellstraße, die in 100 Metern kommt. Er ist weitaus mehr triebgesteuert als der Mensch. Und im „triebgesteuerten" Bereich denken ja selbst die wenigsten Menschen an die Folgen. Instinkthandlungen sind schnell ablaufende „Notfall-programme". Wer nicht einen großen Satz macht, wenn hinter ihm die Schlange zischt, hat schon verloren. Nicht wenige Hundebesitzer hegen den Traum „Du darfst alles tun, wenn du nur das Gefährliche vermeidest". Da dies ein Traum bleibt, müssen Sie die Verantwortung und Führung für Ihren Hund übernehmen. Sie sind verantwortlich für seine Sicherheit und die der Umwelt.

Wie „dealen" Sie intelligent mit?

Werden wir konkret und überlegen jetzt, was Sie in einer attraktiven Deal-Situation überhaupt machen können:

1. Sie trauen Ihrem Hund nicht und deswegen lassen Sie ihn nicht von der Leine.

Die Folge ist: Was man nicht darf, wird umso wichtiger. Der Hund lernt nichts, und sein Trieb staut sich weiter. Lassen Sie ihn dann einmal von der Leine, wird er sich erst einmal ausrennen – und dann jagen gehen.

2. Sie entfernen das Triebziel.

Geht das in der Praxis? In einer Übungssituation können Sie das durchaus bewerkstelligen. Können Sie aber den aufspringende Hasen wegzaubern? Oder den anderen Hund oder den Jogger? Nein! Manche gehen, wenn sie einen Raufer an der Leine haben, jedem Hund aus dem Weg. Dies ist auch keine gute Idee. Dadurch macht man die Situationen erst interessant, und die Spannung überträgt sich auf den Hund (siehe vorheriges Kapitel). Das, was man nie tun darf (siehe Punkt 1), bekommt einen besonderen Reiz. Das gilt für Hunde, Kinder und Erwachsene, und für Jugendliche ganz besonders.

3. Sie machen etwas anderes reizvoller als das Triebziel.

Sie müssten also immer einen noch attraktiveren Hasen in der Tasche haben. Aber selbst das wird schlecht funktionieren, weil der Hund schon vollauf mit dem einen beschäftigt ist. Und doch sollten Sie immer den bestmöglichen Motivator mit dabei haben – warum, erfahren Sie gleich.

4. Sie machen den Weg zum Triebziel unangenehm.

Dies darf nicht nur ein wenig unangenehm sein, sondern richtig unangenehm. So wie auf Seite 56 beschrieben bei der Futterübung. Aber beim Jagen ist Ihr Hund auf Level 10 auf der Skala des Erregungsmessers. Und jetzt überlegen Sie selbst: Wie viel Unangenehmes würden Sie für 1.000 Euro, für 100.000 Euro, für 1 Million, für 10 Millionen ertragen? Viele machen für weitaus weniger einen unbefriedigenden Job. Je nach Hund und Attraktivität des Triebziels kommt man mit dem „Unangenehmmachen" schnell in Bereiche, die tierschutzrelevant sind. Seien Sie sich darüber im Klaren: Ist das Triebziel extrem hoch, sind die meisten Hund bereit, dafür zu sterben! Es ist beim Hund wie bei einem Boxer. Je mehr Adrenalin in den Adern kreist, umso mehr steckt man weg. Auch in den liebsten Schoßhunden stecken genügend „wilde" Gene, die beispielsweise dafür sorgen, dass in Extremsituationen kaum Schmerz wahrgenommen wird.

Hinzu kommt: Sind Sie wirklich in der Lage, dem Hund „Knüppel in den Weg zu legen", wenn er schon 50 Meter weg ist? Genau zum richtigen Zeitpunkt, ohne den Hund zu verletzen? Beispielsweise wenn Ihr Hund mit vollem Schwung in die Schleppleine, selbst am Geschirr, kracht? Nein. An dieser Stelle eine kurze Bemerkung zur Schleppleine, weil dieses Mittel doch scheinbar sanft sein soll. Die übliche Methode mit der Schleppleine funktioniert selten. Kaum ein Hund ist so „doof", dass er nicht unterscheiden kann, ob er an der Schleppleine ist oder nicht – Sie merken ja auch, wenn Sie dauernd über einen offenen Schuhbändel stolpern. Eine Schleppleine funktioniert nur, wenn Sie geschickter genutzt wird. Ziel muss sein, dass der Hund nicht merkt, dass er an einer (längeren und dünneren) Leine ist. Nur so können Sie den Hund verblüffen und Erfolg mit der Schleppleine haben. Länger andauernder Schleppleinenknast führt nicht zu einem sicheren Hund.

Zurück zum „den Weg zum Triebziel" unangenehm machen. Sie müssten massiv und unmittelbar eingreifen, wenn Sie hier zum Ziel kommen wollen. Massiv bedeutet, dass der Hund nachhaltig beeindruckt ist und für ihn der Deal unattraktiv wird. Sie müssen sich darüber im Klaren sein: Sie fügen dann Ihrem Hund etwas massiv Unangenehmes zu, welches er kein zweites Mal erleben möchte. Das wird schwer möglich sein – auf Level 10 sogar unmöglich.

5. Triebziele multiplizieren

Nehmen wir an, es gäbe nicht nur einen Hasen, sondern 100 gleichzeitig. Immerzu, während des ganzen Spaziergangs. Tagaus, tagein. Kaum ein Hund wird hetzen bis zum Umfallen. Auf die Dauer werden Hasen nicht mehr so interessant sein – vor allem, wenn er keinen fängt. Beutereize verlieren an Intensität, wenn sie andauern. „Gute Jäger" werden sogar nur dann jagen, wenn der Jagderfolg wahrscheinlich ist.

Zu jeder Mahlzeit ein leckeres Buffet dämpft jeden Appetit.

Ihr Hund spielt am Anfang wilder mit dem Ball als nach einer halben Stunde. Eine einzelne Katze, die nur von Zeit zu Zeit über den Hof springt, verführt mehr als fünf ständig herumtigernde Katzen. Bei 30 frei springenden Hunden gibt es weniger ernste Raufereien als bei zwei.

Wenn etwas im Überfluss vorhanden ist, verliert es an Reiz. Zudem fällt es dem Hund schwerer, fokussiert dem einen Triebziel zu folgen.

6. Sie „fahren" Ihren Hund im Erregungszustand herunter.

Nun der erste Weg, der wirklich praktikabel ist. Dieser ist auf Seite 55 schon beschrieben: Sie kontrollieren das Erregungsniveau Ihres Hundes. Sie sind in der Lage, den Hund im Trieb zu dämpfen. Wenn Ihr Hund dann nicht voll im Trieb 20 Meter vorausspringt, sondern etwas „gedrückt" einen Meter hinter Ihnen folgt, kommen Sie mit den meisten Hunden sicher am Wild vorbei.

Beobachten Sie einmal Hunde oder Wölfe im Rudel – diese sind selten im „roten Bereich", sondern durchaus in den meisten Situationen ruhig gelöst und in manchen Situationen „gedämpft". Selbst eine Jagd startet nicht auf dem höchten Erregungslevel. Die Kräfte werden eingeteilt. Und nochmals: Ein aktiv im Trieb gedämpfter Hund ist kein Zeichen für einen „bösen Hundeführer" – wenn es kein Dauerzustand ist. Es ist eine momentane Gefühlsregung, wie die anderen Gefühlsregungen auch. Wenn Sie alle Töne auf der Klaviatur der Emotionen „spielen" können, haben Sie Zugang zu den Motivatoren Ihres Hundes.

6. Sie üben gezielt „Dealsituationen".

Der zweite Übungsweg, der funktioniert, vor allem in Kombination mit dem vorhergehenden: Sie üben mit reduziertem Einsatz. Statt ein Bündel Hunderter liegt nur noch ein Hunderter, dafür erhöhen Sie die Cents auf 50 Euro. Und schon ist der Deal für Ihren Hund nicht mehr so eindeutig, besonders wenn der vorher attraktive Weg erschwert wird. Und jetzt brauchen Sie den bestmöglichen Motivator in der Tasche. Denn wenn sich Ihr Hund für die 50 Euro, statt für die Hundert entscheidet, ist es Zeit für den größtmöglichen Jackpot.

Das Prinzip lautet:

Ihr Hund lernt vor allem dann ein neues Verhalten, wenn Sie nur das Gewünschte bestätigen und das Nichtgewünschte nicht zulassen.

Experiment: *Zunächst muss der Hund lernen, sich beim Futter beherrschen zu können, dann bei einem ruhenden Spielzeug, dann bei einem geworfenen Spielzeug, später bei einem über die Wiese gezogenen Hasenfell, dann bei Wild auf Entfernung und letztendlich bei aufspringendem Wild. So lernt Ihr Hund Triebkontrolle und Sie, den Hund im Erregungszustand zu kontrollieren. Jetzt kann es durchaus Sinn machen, Punkt 4 ins Spiel zu bringen und den Weg zum Triebziel angemessen stark und schnell unangenehm zu machen.*

Ab heute wird alles anders!

Wenn Sie Verhalten ändern wollen, müssen Sie sich ab heute klar sein: Es gibt nur Schwarz und Weiß wie schon gesagt! Einen Tag außer Kontrolle jagen zu gehen und sich zwei Tage beherrschen zu können, kann nicht funktionieren. Denn Jagderfolg ist äußerst hochwertig und selbstbestätigend und wird schnell zu einem Bedürfnis mit Suchtpotenzial. Lernen heißt, neue Nervenverknüpfungen aufzubauen und alte abzubauen (S. 81). Suchtverhalten lässt sich wie ein Trampelpfad im Gehirn vorstellen. In bestimmten Situationen geht Mann/Frau/Hund immer den bequemen, gewohnten und ausgetretenen Trampelpfad. Zunächst ist es mühsam, neue Wege zu bahnen. Ziel ist es, diese Wege zu neuen

Trampelpfaden zu treten. Sie müssen aber wissen, dass „Triebwege" immer gebahnt bleiben werden! Es braucht stets Ihre Aufmerksamkeit als Hundeführer, diese instinktiv gebahnten Wege – wenn nötig – nachdrücklich zu sperren.

Experiment: *Experimentieren Sie nicht, ob Ihr Hund jagt oder nicht. Vermeiden Sie künftig selbstbestätigende Erfolge. Also, ab heute kein Jagen, kein Raufen und was sonst auch immer. Durchbrechen Sie die Muster radikal (lat: Radix = Wurzel). Stattdessen trainieren Sie alles, was Ihrem Hund hilft, sich zu beherrschen.*

Tun Sie immer wieder so, als ob Sie Ihren Hund von der Leine klicken. Statt der Leine klicken Sie dann nur eine dünne stabile Schnur ein. So können Sie einwirken, ohne dass der Hund meint, an der Leine zu sein. Das verblüfft und wirkt! Wechseln Sie so deshalb häufig zwischen unterschiedlichsten Leinen und Schnüren: kurzen und langen, dicken und dünnen, leichten und schweren. Wenn Sie das geschickt machen, vermeiden Sie, dass Ihr Hund sofort weiß, ob er an einer Leine ist und wie weit Sie seinen Bewegungsradius beschränken können. Nur so kann eine längere bzw. Schleppleine als Erziehungsmittel wirkungsvoll eingesetzt werden.

Trauen Sie sich und Ihrem Hund etwas zu. Beim Trainieren der Zuverlässigkeit im Alltag müssen Sie den Schritt tun, möglichst bald ohne Leine in „reizvoller" Umgebung zu trainieren – natürlich zunächst erst auf kürzere Entfernungen. Freiheit braucht Vertrauen. Dieses Vertrauen darf Sie aber nicht blind machen. Tun Sie es mit Verstand! Sie sind für die Sicherheit Ihres Hundes verantwortlich Steigern Sie die Anforderungen Schritt für Schritt. Dazu gehört auch das Überprüfen, wie weit Sie als Team schon sind. Verführen Sie Ihren Hund zu Situationen, bei denen Sie das in Ihren Hund gesetzte Vertrauen testen können. Lassen Sie Fehler nicht durchgehen. Sie werden dann bald erleben: Dinge, die heute noch eine Herausforderung sind, werden entspannt normal. Diese Entspannung fördert weiteres Vertrauen und festigt so erwünschtes Verhalten.

„Fürchte Dich nicht vor einem großen Schritt.
Man kann einen Abgrund nicht mit zwei kleinen Sprüngen überqueren."

David Lloyd George

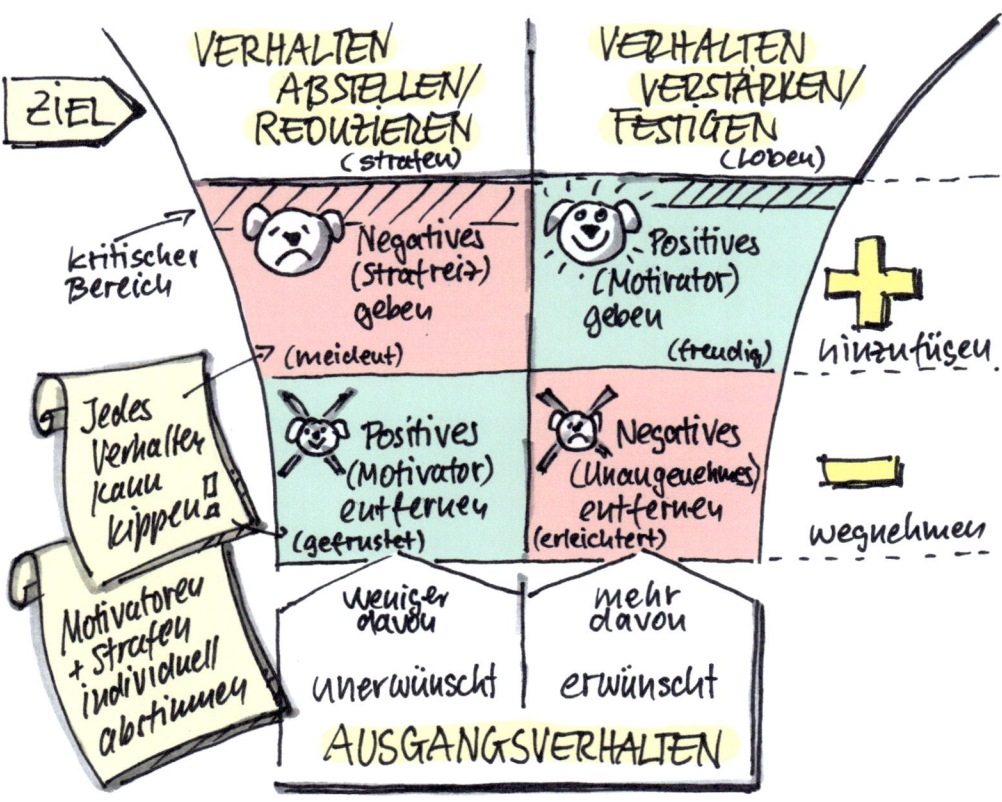

Ihre Möglichkeiten, Wirkung zu erzielen

Lob und Strafe genauer betrachtet

Was kann ich tun?

In diesem vorletzten Teil des Buches erweitern Sie Ihren „Werkzeugkoffer" der Beeinflussung. Diese weiteren Impulse, machen Sie fit, Ihren Hund gezielt und angemessen zu erziehen und zu führen. Natürlich vorausgesetzt, Sie setzen das, was Sie gelesen haben, praktisch um – immer bereit, das wahrzunehmen, was geschieht, während Sie Bestimmtes tun. Dieser Werkzeugkoffer hilft Ihnen zudem im Bereich des Sporttrainings bzw. wenn Sie für die Begleithundeprüfung trainieren. Dieser Werkzeugkoffer steht für meine Trainingsphilosophie: alles nutzen, was wirkt – situativ angemessen und in dem Wissen, dass alles Vor- und Nachteile hat. Mit dem Ziel vor Augen: Eine verlässliche Teambeziehung!

Welche Umgebung und Haltung fördert das Lernen?

Heute weiß man weitaus mehr über das Lernverhalten von Hund und Mensch als früher. Natürlich ist das Lernvermögen eines Menschen durch andere Hirnstrukturen und der damit verbundenen Fähigkeit zum logischen Denken komplexer. Doch vieles ist ähnlich:

Wenig Stress, viel Begeisterung

Stress beim Lernen verkrampft, macht Bewegungen langsam, hindert kognitive Leistungen und die Merkfähigkeit. Genauso schränkt Übererregbarkeit das effektive Lernen ein. In positiver, angstfreier Umgebung lernt es sich am besten. Denn wer Angst hat, Fehler zu machen, ist verkrampft und probiert nichts aus. Diese Aussagen kann jeder nachvollziehen, der schon angespannt in Prüfungen gegangen ist. Die Denkblockade hinderte einen, selbst Bekanntes abzurufen. Ganz im Gegensatz zu einer inspirierenden Lernsituation, in der einem vieles ohne große Anstrengung einfach zufällt. Der „Lernturbo" ist Begeisterungs- und Konzentrationsfähigkeit – auch beim Hund! Wie beim Menschen gibt es beim Hund (nicht nur rassespezifisch) individuelle Unterschiede im Lernverhalten und Lernvermögen: Der eine braucht etwas mehr Konsequenz; ein anderer ist stets willig; ein anderer verliert, wenn die Übungseinheit zu lange dauert, schnell das Interesse und die Konzentration. Wichtig ist, dass Sie Ihren Hund – Sie erinnern sich an den Erregungsmesser – in den passenden Arbeitsmodus bringen und halten. Training im Bereich zwischen 0 und 3 ist immer zwanghaft. Mit allen Kosequenzen, die Zwang beinhaltet. Der Hund zeigt es durch sein lustloses, meidendes Verhalten! Es erklärt, warum manche Hundeführer, die Ihren Hund aus falsch verstandener Zuneigung weder erziehen noch fordern, oft einen Hund haben, der aussieht wie gerade verprügelt oder eingeschlafen.

Fordern und fördern Sie, aber überfordern Sie nicht!

Lernen durch negative und positive Erfahrungen

Es gibt also viele gute Gründe für das positive Bestätigen des richtigen Verhaltens. Denn es ist eine Tatsache für Mensch und Hund:

Wenn ich mit einem bestimmten Verhalten, meine Bedürfnisse erfülle, werde ich dieses Verhalten häufiger zeigen. Wenn ich mit einem bestimmten Verhalten meine Bedürfnisse nicht erfülle, werde ich dieses seltener zeigen.

Ein Wort zur „Zuckerbrot-und-Peitsche-Methode" oder wie Sie die Eigenmotivation Ihres Hundes stärken

Bisher haben ich für ein klares Schwarz und Weiß plädiert, um es dem Hund einfach zu machen. Aber nichts ist die absolute Wahrheit – die gibt es sowieso nie – noch weniger, wenn es um Lebendiges geht! Mit der „Zuckerbrot-und-Peitsche-Methode" sind manche Hundeführer im Sport genauso wie im

Alltag erfolgreich. Die Hunde sind meist sehr zuverlässig im vertrauten Schema. Zugleich sind sie oft eingeschränkt, wenn es darum geht, Neues und Schwieriges zu lernen. Sie tun sich vor allem schwer, wo Ausprobieren gefordert ist. Lernen ausschließlich über Lob und Strafe veringert die Eigenmotivation und das Mitdenken – das weiß man auch aus der menschlichen Didaktik. Auch besteht die Gefahr, dass Lob und Strafe speziell mit dem Hundeführer und der Situation verknüpft werden.

Eigenmotivation und Kreativität beim Hund fördern

Hilfreich hierbei ist ein weiteres Signal bzw. ein zusätzliches Wortkommando. Es ist ein sinngemäßes „Streng dich an". Das zeigt dem Hund: „Ich bin in der Grauzone – ich mache es gerade weder richtig noch ganz falsch". Dafür gibt es keine Bestätigung, aber auch keine Strafe. Dieses Kommando heißt für den Hund „Probier weiter", „Streng dich an". Diese Aufforderung ist neutral. Ihr Hund bekommt eine zweite oder dritte Chance. Er kann probieren, er hat es selbst in der Hand, später sein Lob zu bekommen, indem er sich anders verhält. Aber wichtig: Wenn der Hund nach dieser Aufforderung das gewünschte Verhalten zeigt, gibt es dafür keine besondere Belohnung, sonst bestätige ich den Fehler. Ein verbales Lob genügt.

Ein altes Sprichwort bringt es auf den Punkt:

„Besser Lob verdienen, als Lob erhalten."

Oder das Zitat von Johanna Franul von Weißenthurn

„Erschlaffend ist das Lob."

Und, wenn wir gerade beim Zitieren sind, noch zwei Gedanken zum Lob:

*„Echtes Lob ist eine der stärksten Formen der Motivation.
Mattes Lob ist Tadel."*

In welchen Bereichen ist die Trainingsmethode mit der zweiten Chance geeignet? Sie eignet sich gut für motivierendes Sporttraining z. B. im Obedience – aber weniger bei der Erziehung und dem Abgewöhnen von selbstbestätigendem Fehlverhalten: *„Mit diesem Jogger war es noch nichts, der bekommt eine neue Hose. Aber beim nächsten hast du nochmals eine Chance."*

Rein positives Bestätigen hat Grenzen

Ein Argument dafür, dass rein positives Bestätigen zum Ziel führt, sind in vielen Büchern und Vorträgen die unglaublichen Leistungen der Delphin- und Schwertwaldressur. Das positive Bestätigen ist bei einem tonnenschweren Raubtier wie dem Schwertwal oft auch die einzige Möglichkeit. Natürlich kann ich hier kein „Nein" mit einer Leine oder sonstigem Hilfsmittel durchsetzen. Vergessen dürfen wir dabei auch nicht, dass die Intelligenz eines Wals der Intelligenz eines Hundes weit überlegen ist. Und doch können wir selbst „dumme" Hühner, das heißt sehr triebgesteuerte Wesen, mit verblüffendem Erfolg über positives Bestätigen trainieren. Doch wenn wir dieses unzweifelhaft sehr durchdachte und erfolgreiche Training genauer anschauen, werden die Grenzen der Methode offensichtlich: Die Leistungen werden in einem weitgehend ablenkungsfreien Delphinarium oder einer reizarmen Umgebung gezeigt und trainiert! Man trainiert Kunststücke und erzieht nicht zur Impulskontrolle!

Dem intelligenten Wal ist es im Delphinarium einfach langweilig. Natürliche Triebreize sind fast nicht vorhanden. Das ist ja gerade der Grund, warum die Haltung von Meeressäugern in berechtigter Kritik steht. Auch ein Huhn wird nicht auf einem Misthaufen mit leckeren Regenwürmern und mit dem Hahn in der Nähe trainiert. Ähnliches gilt für das Hundetraining auf bekanntem Übungsgelände oder daheim. Es ist extrem reizarm im Vergleich zum wildreichen Wald oder der Hundespielwiese. Selbstverständlich gehört es zum intelligenten Training, erst in reizarmer Umgebung die Übung aufzubauen und dann an unterschiedlichen Orten mit immer mehr Ablenkung zu generalisieren. Doch es ist Fakt: Viele der über positive Bestätigung antrainierten Übungen können in der „Freiheit" nicht abgerufen werden. So gilt: Ihr Hund kann durch positive

Bestätigung sehr vieles lernen – und das sollten Sie nutzen. Damit erreichen Sie Dinge, vor allem wenn Sie klein damit anfangen, die sich frühere Ausbilder nicht vorstellen konnten. Vielleicht gehören Sie und Ihr Hund zu den wenigen, die so zum Ziel einer verlässlichen Impulskontrolle kommen.

Für die Mehrzahl der Hunde gilt: Wenn in hohen Triebsituationen der Hund das gut Gelernte zuverlässig zeigen soll, müssen Sie das durch andere Trainingsansätze absichern.

Beschönigen wir es nicht: Sie müssen das nicht Gewünschte durch „Strafe" unangenehm machen. Was Strafe ist, ist individuell für jeden Hund anders. Weiche Hunde können leicht beeindruckt sein, harte brauchen schon mehr Deutlichkeit. Wenn Sie Kinder haben, wissen Sie das ja auch. Es gibt die „lieben", die „frechen", die „einsichtigen" und „wilden" – Ihre Erziehungsstrategien werden Sie anpassen müssen.

Angst haben ist nicht falsch

Sie erinnern sich auch an den Anfang des Buches: Es ist natürlich und gehört zum Leben, nicht nur positive Erfahrungen machen zu können. Es ist sogar wichtig für die Entwicklung. Es braucht negative Erfahrungen um stark und lebenstüchtig zu werden. Einem Schönwetterkapitän kann man im Sturm nicht vertrauen. Machen Sie sich nicht unnatürlich, indem Sie nur der „Glücksbringer" für Ihren Hund sind. Wenn Sie mehrere Hunde halten, und selbst wenn diese sich prinzipiell verstehen, werden Sie beobachten, dass diese untereinander immer wieder Grenzen setzen und Grenzen einfordern. Und das geschieht weitaus weniger durch positive Bestätigung, als durch Androhung von etwas Unangenehmem. Auch aus Angst (ja, beschönigen wir es nicht und nennen es nicht nur Unangenehmes) wird der Hund lernen, genauso wie Sie es in Ihrem Leben getan haben. Angst zu haben und entsprechende Vorsicht walten zu lassen, sichert das Überleben. Berechtigte Angst ist keine Angststörung! Aus Angst zu meiden gehört zum natürlichen Verhaltensrepertoire.

Zu viel Angst hemmt, zu wenig gefährdet.

Experiment: *So lerne ich jungen Hunden Respekt vor Autos, Fahrrädern, Traktoren etc., indem ich sie ein wenig mit einer Schubkarre anfahre. Noch einfacher ist diese Übung, wenn ich einen Schubkarrenfahrer habe. Dann fällt es mir leichter, dem Hund zu zeigen, dass er bei mir sicher ist. Üben Sie, wie alles, mit Verstand und in Verantwortung so, dass der Hund nicht vor jeder Schubkarre oder jedem Auto (der Respekt vor „gefährlichen" Fahrzeugen ist Sinn der Übung) in Panik davonspringt. Das wäre kontraproduktiv. Ziel ist es, dass der Hund künftig aufpasst und zur Seite geht. Das funktioniert und nimmt mir eine Sorge. Auf diese Art lerne ich schon dem Welpen, bestimmte Dinge zu meiden bzw. nur interessiert zu beobachten. Das Alternativverhalten, in diesem Fall, das Schutzsuchen bei mir, wird so hochwertig wie möglich und natürlich positiv bestätigt.*

Dieser Weg funktioniert gut und muss nur noch ein- bis zweimal aufgefrischt werden. Das entspricht dem Lernen von der heißen Herdplatte. Allzu oft möchte der Hund sich seine Pfoten nicht verbrennen.

Überlegen Sie: *Hätte eine lauwarme oder nur mäßig heiße Herdplatte den gleichen Effekt?*

Wichtig beim Lernen aus Unangenehmem: Sie dürfen kein Panikverhalten erzeugen. Denn Panik heißt meist fliehen oder je nach Hund und Situation Angstbeißen. Dann lernen Sie als Hundeführer auch dazu – aus Schmerz. Wie weit Unangenehmes gehen darf, ohne den Hund zu kennen, ist schwer zu sagen. Sie müssen Ihren Hund einschätzen können. Um auf mein Beispiel zurückzukommen: Der eine Hund muss mit der Schubkarre schon gerammt werden, dem anderen reicht schon das Klappern. Wichtig ist immer, dass Sie zum „Ort" werden, bei dem der Hund Sicherheit findet. Meine Hunde haben weder bei der Gartenarbeit noch beim Spaziergang Angst vor Schubkarren oder Traktoren. Sie haben ja auch keine Angst, wenn Sie am Herd stehen! Die Hunde haben aber Respekt, wenn diese fahren und sich auf sie zu bewegen. Dann halten sie sicheren Abstand – wie Sie von der heißen Herdplatte. Wenn Sie einen Wildtierfilm anschauen, werden Sie beobachten, dass z. B. Antilopen entspannt grasen – selbst wenn Löwen in der Nähe sind. Selbst und gerade dann, wenn kurz davor eine Jagd auf sie stattgefunden hat. Sie haben einfach gelernt, die Situation (eine potenziell lebensgefährliche!) richtig einzuschätzen.

So kann auch Ihr Hund lernen, Rehe am Waldrand entspannt zu beobachten. Zugleich muss er, wenn er durchstartet, vor den Folgen Respekt haben. Ihr Hund ist damit in Reizsituationen weniger im „roten Bereich", sondern im physischen und psychischen Gleichgewicht. Denn er erlebt überwiegend Sicherheit und weniger Stress.

Gestalten Sie Ihre Erziehung so, dass nur sehr wenige Dinge über Unangenehmes und Angst vor den Folgen abgesichert werden müssen.

Anhand der Skizze am Anfang des Kapitels haben Sie einen guten Überblick, welche vier grundsätzliche Möglichkeiten Sie haben, Ihren Hund zu beeinflussen und nach Prinzipien der Verhaltensforschung zu trainieren.

Vier Möglichkeiten der Erziehung

Vieles ist möglich. Viele Wege führen zum Ziel – nutzen Sie sie!

Sie können Ihrem Hund etwas „geben"

Dafür haben Sie zwei Möglichkeiten.

Erstens, Positives geben:

Sie können ihm etwas Positives geben wie Zuneigung, Futter, Lob, Spielzeug.

Zweitens, Negatives geben :

Sie können ihm „Ärger geben", also an der Leine ziehen, ihn rammen, ihn bedrängen, ihm etwas hinterherwerfen, ihn mit Sprühhalsbändern oder anderem „traktieren".

Machen wir es anschaulich: Zu erstens: Sie erhalten für gute Leistungen ein

Geschenk oder eine Gehaltserhöhung oder werden auf Ihre Traumposition befördert. Hier merken Sie schon, dass der Wert der „Gabe" unterschiedlich sein kann und muss. Zu zweitens: Sie werden getadelt, abgemahnt oder entlassen.

Sie können dem Hund etwas „wegnehmen"

Auch beim Wegnehmen haben Sie zwei Möglichkeiten.

Drittens, Positives wegnehmen:

Sie können ihm Positives vorenthalten, also kein Futter, keinen Ball, und kein Lob geben. Sie erfüllen seine Bedürfnisse bewusst nicht.

Viertens, Negatives wegnehmen:

Sie können etwas Unangenehmes entfernen. Der Leinenzug hört auf, Sie hören auf, ihn zu bedrängen, Sie lassen ihn wieder los …

Hierzu wieder ein Beispiel aus dem Leben: Zu drittens: Sie haben bei Ihrer Arbeit einen Fehler gemacht. Nun müssen Sie am Feierabend nacharbeiten oder sogar das Wochenende dransetzen. Zu viertens: Sie sitzen unangeschnallt im Auto. Das Warnsignal piepst penetrant. In dem Moment, in dem Sie sich ordnungsgemäß anschnallen, hört das nervige Piepsen auf. Noch wirkungsvoller wäre Ihre Motivation, sich anzuschnallen, wenn Sie Ihr Auto unangeschnallt gar nicht starten könnten.

Sie können also auf vier Arten erziehen, also „loben" und „strafen"

Trainieren Sie künftig flexibler, als nur „Positives zu geben" und „Unangenehmes zuzufügen". Passen Sie die Intensität Ihrer Einwirkungen stets situationsgerecht an. Experimentieren Sie mit allen Möglichkeiten – seien Sie dabei aber immer konsequent. Je routinierter Sie mit diesen vier Möglichkeiten spielen, umso besser werden Sie der jeweiligen Situation und Ihrem Hund gerecht.

Primäre und sekundäre Verstärker

Noch etwas Wichtiges zu den verschiedenen Arten Ihrer Verstärker:

Sie können den Hund sofort für das gewünschte Verhalten bestätigen – z. B. Ihr Hund schaut Sie an und Sie werfen dafür direkt den Ball. Dann nutzen Sie einen primären Verstärker (Verstärker deshalb, weil der Hund durch Ihre „Gabe" das Verhalten häufiger zeigt). Oder Sie können erst ein „Richtig-Kommando" als Zeichen dafür, dass nun gleich die Belohnung kommt, „vorschalten". Dann bestätigen Sie sekundär. So ein „Richtig-Kommando" kann beispielsweise ein „Clicker-Klick" sein. Wenn Sie nicht genau wissen, was ein Clicker ist und wie man diesen anwendet, googeln Sie einfach einmal „Clickertraining".

Diese verschiedenen Arten zu bestätigen, führen schon über das Thema dieses Buches hinaus und werden im Sporttraining wichtig. Es macht Ihnen das Training auf Entfernung leichter, wenn Ihr Hund es gewohnt ist, mit einem sekundären Verstärker bestätigt zu werden. Ein Beispiel: Sie trainieren den Blickkontakt unter Ablenkung. Ihr Hund ist 10 Meter entfernt. Genau in dem Moment, in dem Ihr Hund den Blickkontakt zu Ihnen herstellt, geben Sie das Signal für „richtig". Er weiß somit genau, welches Verhalten Sie wünschen. Auf diese Entfernung können Sie schwer unmittelbar mit Futter belohnen. Nun darf der Hund z. B. zu Ihnen rennen (auch ohne Blickkontakt, denn die Übung ist durch das Signal von Ihnen gerade beendet worden), und er bekommt bei Ihnen seine Belohnung. „Strafen" sollten Sie besser unmittelbar – je schneller und konsequenter der Hund die Strafe mit dem Fehlverhalten verknüpft, umso klarer ist das für ihn. Sie sehen schon, wie viel schwieriger das Strafen als das Belohnen auf Entfernung ist.

Machen Sie es Ihrem Hund nicht lange zu einfach

Ganz am Anfang dürfen Sie es Ihrem Hund leicht machen. Er darf wissen, dass das Futter in Ihrer Tasche oder Hand ist. Aber bauen Sie das Locken schnell ab. Warum: Sie erinnern sich noch an die Eigenmotivation? Indem es der Hund selbst in der Hand hat, an das Positive zu kommen oder das für ihn Negative abzustellen, muss er mehr denken, als wenn er die Belohnung direkt vor Augen hat. Ihr Ziel muss ja sein, dass Ihr Hund sein Verhalten auch ohne Belohnung sicher zeigt. Deshalb ist es intelligenter, zu warten, bis der Hund (hier brauchen Sie manchmal Geduld – aber das Trainingsergebnis ist nachhaltiger!) das richtige Verhalten zeigt. Das ist manchmal nur Zufall, weil der Hund noch nicht weiß, was Sie von ihm wollen. Wenn Sie jetzt deutlich und sofort loben und dann erst in die Tasche greifen, ist der Lerneffekt größer und nachhaltiger (Sie arbeiten, wie Sie nun wissen, mit einem sekundären Verstärker). Der Hund wird das zunächst zufällige Verhalten immer häufiger zeigen, bis er es ganz verstanden hat.

Wenn Sie ihn dann von Zeit zu Zeit für das richtige Verhalten nicht bestätigen, wird ihn das besonders motivieren und er wird das Verhalten schneller ausführen. Das ist wie bei einem Spielsüchtigen, der immer häufiger spielt, in der Hoffnung, es kommt mal wieder der Hauptgewinn.

Bestätigen Sie variabel!

Machen Sie sich unberechenbar. Nicht jedes richtige Verhalten muss belohnt werden, sobald es sitzt. Es ist sogar kontraproduktiv.

Überlegen Sie: *Sie wollen sich aus einem Süßwarenautomat einen Riegel ziehen. Aus Jux oder Zufall drücken Sie dabei den Rückgabeknopf. Statt einem Riegel ‚fallen nun drei Stück aus dem Schacht. Was werden Sie tun?*

Sie werden es ziemlich sicher nochmals versuchen. Wahrscheinlich testen Sie aus, ob es an dem gedrückten Knopf lag. Wenn es mit den Zusatzriegeln öfters klappt, werden Sie diesen Automaten öfters aufsuchen. Sie werden es wahrscheinlich bei ähnlichen Automaten austesten. Und wenn es nicht immer, sondern nur manchmal funktioniert, werden Sie es trotzdem probieren. Die „Belohnung" muss nicht immer kommen – ganz im Gegenteil. Nur wenn nie mehr die „Belohnung" kommt, werden Sie es früher oder später nicht mehr versuchen. Und nun stellen Sie sich vor: Plötzlich kommen nicht nur zusätzliche Riegel, sondern der Geldschacht füllt sich mit Münzen! Dann vergessen Sie diesen Automaten nie mehr. So ähnlich geht es dem Hund mit einer Jackpot-Belohnung.

„Jackpot" steht für die maximal beste Belohnung für Ihren Hund! Dieser Jackpot kann und sollte wie beim Spielautomaten unerwartet kommen. So ist die Verblüffung und Wirkung am größten. Ein Jackpot ist unverhältnismäßig wertig und kommt selten – das macht ihn für Ihren Hund besonders reizvoll.

Sie sehen schon den Unterschied zur völlig langweiligen, da berechenbaren Belohnung, wenn wir beispielsweise mit Futter locken. Ein häufig gelockter Hund „denkt" nur an den Deal: Ist nichts in der Hand oder in der Tasche, ist heute kein Ball im Spiel, werde ich mich nicht anstrengen. Wollen Sie so einen Hund? Oder einen, der voll motiviert bei der Sache ist? Der bereit ist, alles etwas schneller und aufmerksamer zu tun – der bereit ist die „Extrameile" zu gehen, alles in der Hoffnung auf einen Jackpot. Ich glaube, die Antwort ist klar!

Überlegen Sie: *Wie bewerten Sie jetzt mit diesem Wissen Hundeführer, die mit Bällen und „winkenden" Futterbeuteln Ihren Hund von etwas abhalten wollen? Sie begegnen diesen Herrchen und Frauchen täglich.*

Fassen wir nochmals zusammen:

Prinzip 1: Sofort belohnen oder ein Wort vorschalten

Zeigt der Hund das gewünschte Verhalten, können Sie unmittelbar bestätigen (Futter oder Ball etc.). Oder Sie geben erst Ihr Signal für „richtig" und dann belohnen Sie. Die zweite Variante ist in den meisten Fällen die bessere – auf größere Entfernung die einzig mögliche. So kann zwischen dem „Richtig" bis zur Belohnung einige Zeit vergehen, und der Hund versteht trotzdem, zu welchem Zeitpunkt er es genau richtig gemacht hat.

Ab dem Lob oder Freigabekommando darf der Hund das, wofür er soeben gelobt worden ist, augenblicklich abbrechen und sich das Futter oder den Ball nehmen.

Beim Üben von statischen Positionen wie Sitz oder Platz ist es hilfreich, auch in der Position zu bestätigen. Dann geben Sie das Futter so, dass sich der Hund nicht bewegen muss. Das setzt etwas Geschick voraus.

Prinzip 2: Niemals Fehler bestätigen – sonst festigen Sie sich

Also niemals Futter nach dem Hilfskommando zur besseren Ausführung geben. Und wenn es doch passiert ist – denken Sie das nächste Mal daran!

Überlegen Sie: *Der Hund soll herkommen, ganz herkommen. Der Hund bleibt aber einen Meter vor Ihnen stehen. Nun können Sie das Kommando wiederholen, der Hund kommt dicht zu Ihnen, wie gewünscht. Wenn Sie nun loben und bestätigen, lernt Ihr Hund genau das, was Sie ihm gerade beibringen, aber sicherlich nicht wollen. Herkommen heißt dann: erst auf einen Meter herkommen, dann kommt das zweite Kommando, dann gibt es Lob und Bestätigung.*

Richtig dagegen wäre: Kommt der Hund nur auf einen Meter dicht heran, sagen Sie sinngemäß etwas wie „Schade" oder „Streng dich an". Die Chance auf eine gute Belohnung ist für dieses Mal verspielt. Also wiederholen Sie die Übung. Das machen Sie so lange, bis der Hund verstanden hat – und nun sein Lob verdient.

Zwischenbemerkung „Shaping": Den Weg zum Ziel formen

Beim Shaping, dem Formen, bestätigen Sie Dinge, die zum Ziel führen. Der Gedanke dahinter ist: Sie erhöhen immer mehr die Anforderungen. Ein Beispiel dafür: Der Hund soll in eine Kiste steigen. Zunächst bekommt er seine Belohnung dafür, die Kiste anzuschauen, dann dafür, die Kiste zu berühren, dann dafür, einen Fuß hineinzustellen, dann den zweiten und so weiter. Bei dieser Art zu trainieren, braucht man ein klares Ziel. Shaping eignet sich besonders gut um Tricks einzuüben. Auch dazu findet man einiges im Internet.

Pflicht einfordern

Dies funktioniert auch und war lange die übliche und einzige Ausbildungsmethode. Erkären wir dieses ebenfalls am Beispiel des Herkommens. Kommt der Hund nicht ganz dicht zu Ihnen, nutzen Sie die Leine. Erst wenn er ganz herkommt, kann er sich dem Unangenehmen entziehen. Der Ausdruck des Hundes wird ein anderer sein, als beim Herkommen über die oben geschilderte

Methode. Der Hund wird versuchen, das Unangenehme, den Leinenzug, zu vermeiden und sich dicht vorsetzen. Sie merken schon: Die Gefahr besteht, dass der Hund merkt, dass das Unangenehme mit der Leine zu tun hat und er sich ohne Leine dem Kommando entziehen kann. So kann es sein, dass es mit Leine perfekt klappt, aber ohne Leine nicht. Das ist auch das schon mehrfach angesprochene Problem des Schleppleinentrainings. Die „Kunst" beim Training mit Hilfsmitteln ist grundsätzlich, diese geschickt einzusetzen und rechtzeitig wieder abzubauen. Das Ziel muss sein, dass der Hund ohne diese Hilfsmittel das gewünschte Verhalten dauerhaft zeigt. Im Vergleich mit der Positiv-Bestätigen-Methode, wird der Hund hier trieblich eher herunterfahren. Mit „Pflichteinfordern", dämpfen Sie Ihren Hund. Das kann im hohen Reizlevel des Hundes und für einen übermotivierten oder abgedrehten Hund durchaus erwünscht sein.

Überlegen Sie: *Sie kennen das Spiel „Heiß und Kalt". Der Spieler wird durch die Kommandos „heiß" und „kalt" gelenkt. Sie kommen mit den beiden unterschiedlichen Kommandos damit schneller zum Ziel, als wenn Sie nur „warm" sagen dürfen. Dieses Spiel zeigt aber noch etwas deutlich. Nehmen wir an, das „Kalt" würden Sie mit etwas extrem Unangenehmen für den Spieler verbinden. Dann wird „kalt" nicht mehr als nützliche „Leitplanke" akzeptiert. Im Gegenteil: Die Angst vor dem „Kalt" wird lähmen! Der Spieler wird nicht mehr mitmachen.*

Negative Konsequenz bzw. Strafe muss deshalb vom Hund eindeutig mit einer bestimmten Situation verknüpft werden können – mit so wenig Stress wie möglich. Länger andauernder Stress bewirkt Hormonausschüttungen, die das Lernen behindern. Strafen aus Ärger und Willkür ist dumm und sinnlos.

Prinzip 3: Nichts ist in jeder Situation für jeden Hund richtig

Vertrauen Sie auf Ihr Gefühl, haben Sie Mut, Neues auszuprobieren. Denn solange Sie immer das Gleiche machen, werden Sie immer das gleiche Ergebnis bekommen. Wie in der Skizze für Haltung auf Seite 39 beschrieben, geht es im Training und der Erziehung immer um den Kreislauf: „etwas tun", „wahrnehmen, was passiert", „den Zusammenhang erkennen", „das Verhalten bewusst verändern". Noch weitere Anregungen und Experimente, wie sie dies in der Praxis gelingt, finden Sie nun im letzten Kapitel.

3-Wochen-Programm

Von nix kommt nix

21 Tage Verhaltensveränderung verändert neuronale Strukturen

Die Gehirnforschung zeigt durch Hirnscans, dass Lernen tatsächlich schon nach kurzer Zeit menschliche Gehirnstrukturen verändert. Gleiches gilt für das weniger komplexe Hundehirn.

So können Sie sich darauf verlassen, dass Sie und Ihr Hund sich nach drei Wochen Training neuronal verändert haben werden. Entsprechend verändert sich Ihre Teambeziehung, denn Sie sind beide nicht mehr die Gleichen. So kann Ihr Hund z. B. auf die vorzeitige Begnadigung aus dem Schleppleinenknast hoffen. Wegen guter Führung – Ihrer guten Führung! Sie müssen also nicht länger „Schließer" sein, sondern können in die Rolle eines souveränen Hundeführes schlüpfen, der sich mit seinem Hund tief verbunden fühlt.

Der sichtbare Ausdruck dieser Verbundenheit mit einem freilaufenden Hund ist für mich das Maß für die Qualität der Mensch-Hund-Beziehung.

Es zählt das, was ist. Nicht die Modeworte Gewaltfreiheit, Liebe, Partnerschaft machen eine Ausbildung automatisch fair und erfolgreich. Nicht jedes Hilfsmittel ist grundsätzlich zu verdammen. Es sind Sie, es ist immer der Mensch, der fair und verständlich ist oder nicht. Mit einem Messer kann man Brote schmieren, jemanden verletzen oder sogar erstechen. Man kann das Brot auch ohne Butter essen. Vieles ist möglich. Genauso entscheiden Sie, welche Beziehung Sie zu Ihrem Hund wollen, was Sie im Alltag von Ihrem Hund verlangen. „Wer heilt, hat recht" – deshalb führt die Diskussion über Dominanz, Rudelführer, unterschiedliche Körpersprachen meist zu nichts. Es sind oft pseudowissenschaftliche Versuche, den Vielfältigkeiten der Beziehung Mensch-Hund auf die Spur zu kommen und Trainingskonzepte zu begründen. Was zählt ist, ob es Ihnen gelingt, zu Ihrem Hund einen Draht zu finden. Was zählt ist, ob Sie und Ihr Hund zum harmonischen Team werden. Was zählt ist, ob Ihr Hund ein verlässliches Verhalten im Alltag zeigt. Was zählt, ist Ihre „Führungshaltung".

Das Training wird Sie anfänglich Energie und Zeit kosten. Hoffen Sie nicht darauf, dass Ihr Hund von alleine einsichtig wird und sich Unarten auswachsen. Denn auch Ihr Hund ist nicht nur ein Hundchen, sondern trägt in sich noch die natürlichen Instinkte eines fleischfressenden Raubtieres. Geben Sie diesem „Raubtier" die Sicherheit und Regeln, die in unserer heutigen Umwelt notwendig sind.

Sie werden durch eine neue Qualität von Kooperationbereitschaft Ihres Hundes belohnt. Egal, wie man den Menschen Napoleon heute bewertet, diese Äußerung passt zu jeder Verhaltensänderung:

„Man kann keinen Eierkuchen backen, ohne ein paar Eier zu zerschlagen."

Sie müssen einige liebgewonnene Haltungen „zerschlagen", um Ihre Probleme zu lösen. Also legen Sie los, sich das Hund-Mensch-Team zu backen, welches Sie schon immer haben wollten.

Tun Sie es wirklich!

Haben Sie schon alle Experimente der vorherigen Seiten gemacht? Wenn nicht, das ist menschlich, und anderen Lesern wird es ähnlich ergehen. Aber bitte, holen Sie es nach. Denn Ihre Erfahrungen mit den Experimenten sind für die weiteren Anregungen, die ich Ihnen jetzt gebe, absolut notwendig. Wenn Sie es nicht tun, bringen Sie sich zudem um die kleinen und die größeren Erfolge auf dem Weg zu einem gut erzogenen Hund. Sie bringen sich um die Erfahrung, dass Sie mit Ihrer inneren und äußeren Haltung Ihren Hund beeinflussen können. Und zwar nicht, weil man Ihnen genau sagt, wie Sie es anstellen sollen. Nein, weil Sie erleben werden, dass Sie es können. Vielleicht erinnern Sie sich ganz an den Anfang: Beobachtungsgabe, Bauchgefühl und gesunder Menschenverstand weisen Ihnen den Weg.

Am besten nicht alleine

Bilden Sie ein Trainingsteam. Vielleicht sprechen Sie eine Hundebekanntschaft an – die dieses Buch dann ebenfalls lesen sollte. Dann haben Sie nicht nur einen Beobachter und Feedbackgeber, sondern gleich einen weiteren Hund, um unter Ablenkung zu trainieren. Und, wenn es in Ihrer Trainingsgruppe ein paar mehr werden, ist dies nur gut – nicht nur für den Buchverkauf. Oder noch besser, Sie finden eine Hundeschule oder einen Hundeverein mit einer offenen und undogmatischen Trainingsphilosophie. Zeigen Sie gesundes „Meideverhalten", wenn Trainer nur die eigene Meinung oder die ihrer Hundegurus gelten lassen.

Und es geht doch alleine

Es gibt niemals nur einen Weg. Vieles im Leben ist widersprüchlich – deshalb funktioniert oft auch das genaue Gegenteil. So kann man seinen Hund auch ohne Trainer, Hundeschule oder Hundesportverein, wie gerade empfohlen, zu einem verlässlichen Begleiter erziehen. Vor allem dann, wenn es um Alltagserziehung und nicht um sportliche Erfolge geht. Gut Fußballspielen lernen viele immer noch zunächst ohne Trainer auf dem Bolzplatz. Genauso wie Gitarrespielen am Lagerfeuer. Selbst die meisten Kinder geraten ohne Erziehungsratgeber, -kurse und -trainer. Sie müssen sich einfach trauen, das zu tun, was wirkt. Sie müssen Spaß haben, Dinge unvoreingenommen auszuprobieren und der Wirkung zuliebe zu verändern.

Trainieren Sie fordernd – aber nicht überfordernd

Nochmals: Sobald eine Übung bei fünf Wiederholungen vier mal gut geklappt hat, können und sollten Sie die Anforderungen steigern. Beispielsweise mehr Ablenkung einbauen oder Körperhilfen abbauen oder die Entfernung zum Hund vergrößern. Denn mit aufkommender Langeweile wird das Verhalten des Hundes wieder schlechter. Wenn Sie dagegen zu schnell vorangegangen sind, gehen Sie wieder einen Schritt zurück. Sie sehen, Sie brauchen eine klare Vorstellung davon, was Sie wollen, sowie eine gute Beobachtungsgabe.

Trainieren, effektiv, konzentriert und mit einem klaren Ziel

Ich kenne das selbst. Nach einem arbeitsreichen Tag fehlt einem manchmal der Kopf für konzentriertes Training. Dann trainieren Sie nur wenig, gehen spazieren oder spielen nur mit Ihrem Hund.

Denken Sie daran, in einer Trainingssequenz wenige Übungen gezielt zu trainieren. So erleichtern Sie Ihrem Hund das Verständnis. Und seien Sie sich über Ihre Trainingsziele im Klaren! Es ist wie beim Navi. Wer nicht weiß, wo er steht, und sein Ziel nicht kennt, kommt nie an. Blättern Sie nochmals auf Seite 11 zurück. Denken Sie nochmals über Ihre Ziele nach. Passt noch alles?

Sie erinnern sich noch an den „richtigen Zeitpunkt"? Genauso wenig wie Sie zu jeder Zeit die gleiche Leistung bringen können, kann es Ihr Hund. Trainieren Sie lieber öfters kurz, als selten und dann noch zu lange. Trainieren Sie keinesfalls bis zur Erschöpfung. Belohnen Sie das beste Ergebnis. Übungen werden oft schon nach wenigen Wiederholungen schlechter.

Überprüfen Sie immer wieder: Belohnen Sie wirklich die beste Leistung mit dem stärksten Motivator? Motivatoren sind nicht nur Futter und Ball! Variieren Sie die Qualität Ihrer Motivatoren passend zur Leistung?

Bücher können den Horizont erweitern, aber nur bis zu gewissen Grenzen

Bücher können gut inspirieren und motivieren. Bücher können Verständnis wecken. Bücher sind aber weniger gut geeignet, um Übungen konkret anzuleiten. Bücher können niemals individuelles Training ersetzen. Der Trainer müsste Sie und Ihren Hund sowie Ihre speziellen Probleme kennen. Er müsste sehen, was passiert, während Sie etwas Bestimmtes ausprobieren. Deshalb nenne ich die Übungen, die ich hier beschreibe, lieber Experimente. Ein Experiment nimmt Sie in die Pflicht, das Ergebnis selbst zu beurteilen und den „Versuchsaufbau" eventuell zu justieren. Genaue Übungsbeschreibungen dagegen, selbst mit Foto, bergen die Gefahr, dass diese als Gebrauchsanweisung verstanden werden. Zudem: Gebrauchsanweisungen werden ja nicht selten missverstanden!

Alle Experimente habe ich bewusst danach ausgewählt, dass diese für über 90 Prozent der Hundeführer und Hunde hilfreich sind. Mit diesen Experimenten lernen Sie „Hund" im Allgemeinen und speziell Ihren Hund kennen. Mit diesem Wissen, mit dieser Hilfe zur Selbsthilfe, können Sie zudem mehr von guten Büchern, Videos und Trainern profitieren – und Sie erkennen den Unterschied zu denen, über die ich mich kritisch ausgelassen habe. Dieses Büchlein wird für Sie hoffentlich nur der Anfang sein, sich intensiver mit „Hund" zu beschäftigen. So werden Ihnen weitere Impulse wie von selbst „zufallen" – Impulse, die in diesem Buch zu kurz gekommen sind und Ihnen weiterhelfen werden!

KISS – keep it simple und stupid

Mach es einfach und für jeden verständlich. Dieses bewährte Erfolgsprinzip in der (Werbe)kommunikation trifft auch für die folgenden Experimente zu. Es geht nicht um komplizierte Einzelübungen, sondern um einfache Bausteine, die sich ergänzen und sich zum großen Ganzen zusammenfügen. Vielleicht sind Sie schon weiter, und diese Trainingsimpulse sind für Sie und Ihren Hund keine Anforderung mehr. Entweder sind Sie dann zufrieden, weil Sie schon einen zuverlässigen Hund haben, oder Sie erhöhen die Anforderung. Hält Ihr Hund den Augenkontakt z. B. schon über 20 Sekunden sicher, dann erhöhen Sie auf eine Minute. Oder Sie trainieren unter noch mehr Ablenkung. So könnten Sie sich weiter entfernen oder Ihre Position verändern (hinlegen, auf einen Stuhl stellen u. Ä.) Das fordert selbst erfahrene Hunde heraus. Werden Sie kreativ – alle Experimente leben von Ihrer Experimentierfreude.

Ganz wichtig:

Es versteht sich von selbst, dass Sie Ihren Hund während des Drei-Wochen-Programms soweit „sichern", dass er seine Unarten, die Sie ja abstellen wollen, nicht weiter ausleben kann. Sie wollen diese Verhaltenmuster nicht weiter „einbrennen".

Nun viel Spaß bei einer Auswahl weiterer Experimente, die ich chronologisch geordnet habe.

1. Woche: Grundlagen

Ihr Hund ist schon zuverlässig – erkennen Sie in welcher Situation?

Experiment: *Sie machen die nächsten zwei Tage nichts weiter, als Ihren Hund während des üblichen Tagesablaufs zu beobachten.*

Ihre Aufgabe ist es, zu erkennen, wann und in welchen Situationen Ihr Hund mit einem bestimmten Verhalten reagiert. Beispielsweise, wenn ein Familienmitglied kommt und er … Oder Sie sind dabei Futter zu richten und Ihr Hund wird … Oder Sie ziehen die Schuhe an, Ihr Hund … Oder Sie treffen auf dem Spaziergang den Spielkameraden und er … Oder seinen „Feind" und er …

Sie werden feststellen, dass es bestimmte Auslöser gibt, auf die Ihr Hund mit einem typischen Verhalten reagiert. Es wird oft ein Verhalten sein, das Sie ihm nicht bewusst gelernt haben. Oft ist es ein Verhalten, welches Sie nicht möchten. Das ist im Moment egal: Es beweist Ihnen, dass Ihr Hund zuverlässig sein kann und auf Auslöser reagiert. Notieren Sie alle diese Beobachtungen am besten gleich, denn bis zum Abend haben Sie die meisten Reaktionen schon vergessen. Notieren Sie aber nur die Dinge, die zu fast 100 Prozent schon als Muster eingebrannt sind und die Ihr Hund zuverlässig zeigt.

Welche Kommandos führt Ihr Hund schon zuverlässig aus?

Experiment: *Sie nutzen ja schon bestimmte Kommandos und Signale (Nein, Hier, Sitz, Platz, Steh, Komm … Pfiff, Handzeichen). Heute haben Sie nichts anderes zu tun, als diese Kommandos und Signale in verschiedenen Situationen zu überprüfen.*

Morgens beim Begrüßen sagen Sie z. B. Platz (wichtig: nur einmal(!) und in normaler Lautstärke). Macht es Ihr Hund? Macht er es auch, wenn Sie kein Leckerli oder Spielzeug in der Hand oder Tasche haben? Macht er es auf einem belebten Parkplatz? Macht er es, wenn Sie Ihren Hund dabei nicht anschauen? Macht er es, wenn Sie die Hände dabei ruhig lassen? Macht er es, wenn ein anderer Hund in der Nähe ist? Notieren Sie auch diese Beobachtungen gleich. Es geht bei dem Experiment nur darum, die Wirksamkeit Ihrer vorhandenen Signale und Kommandos ehrlich zu überprüfen! Es geht noch nicht darum, diese Kommandos besser zu üben und zu festigen.

Nachdem Sie Ihre wichtigsten Kommandos überprüft haben, testen Sie, wie Ihr Hund auf seinen Namen reagiert. Sagen Sie den Namen Ihres Hundes freundlich, in normaler Lautstärke. Notieren Sie seine Reaktion darauf, sowohl daheim als auch unter verschiedenen Ablenkungssituationen. Sagen Sie den Namen testweise so freundlich lockend, wie Sie nur können. Und sagen Sie es auch in einem Tonfall, wie Sie es von Ihren Eltern kannten, wenn Sie etwas ausgefressen hatten. Ihnen wird klar, dass Sie und Ihr Hund gar nicht so verschieden sind.

Wichtig bei diesem Experiment ist, sich nicht zu beschummeln. Nur so erkennen Sie, ob Ihr Hund Ihre Kommandos überhaupt richtig verstanden hat – und zwar ohne dass Sie die Kommandos nachdrücklich oder mehrfach wiederholen müssen. Hunde sind schlau: Wenn Sie ein Kommando immer dreimal sagen müssen, bis er es tut und Ihren Hund dann dafür belohnen versteht er: Erst nach dem dritten Kommando muss ich es tun. So banal es ist – wir alle tappen immer wieder in diese Falle.

Reagiert Ihr Hund auf bestimmte Kommandos schon genauso sicher mit einem bestimmten Verhalten, wie auf die Reize, die Sie gestern und vorgestern beobachtet haben? Und das sogar unter starker Ablenkung? Wenn ja, dann herzlichen Glückwunsch. Sie können dieses Buch gleich jemandem schenken, der es nötiger hat. Wenn nein, schauen Sie bitte ehrlich auf die Liste, auf der Sie die Reaktionen auf Ihre Kommandos und Signale in bestimmten Situationen notiert haben. Das ist der momentane Ausbildungsstand Ihres Hundes. „Aber daheim macht er immer alles ..." hilft Ihnen im Wald nicht weiter!

Experiment: *Noch schwieriger wäre die Übung, wenn Sie dabei darauf achten würden, auf jegliche Körperhilfe zu verzichten. Vielleicht haben Sie Lust, dieses bei einem sicheren Kommando zu testen. Am besten dabei: Sie lassen sich beobachten. Unsere Hilfen werden von uns selbst schlecht erkannt.*

Werden Sie ab heute Herr über die Ressourcen, also über die Dinge, die Ihr Hund möchte

Experiment: *Es ist die Vorbereitung auf ein Experiment, welches Sie schon kennen. Es geht darum, dass Ihr Hund heute nur über Sie (auch nicht über Familienmitglieder und andere) zu dem kommt, was er möchte. Machen Sie diesen Tag noch zusätzlich zu einem Fastentag. Für 99 Prozent der Hunde ist es nur gesund, einen Tag auf Nahrung (Wasser gibt es genügend!) zu verzichten! Heute ist zudem Ihr „Nein"-Fastentag. Sie sagen also den ganzen Tag kein einziges „Nein"! Und wie bei einer nachhaltigen Ernährungsumstellung werden Sie künftig „Neins" nur noch selten sagen! Es braucht Konzentration den „Nein"- und Meckerfastentag durchzuhalten. Auch Menschen haben Muster eingebrannt! Zeigen und sagen Sie heute ausschließlich, was Sie wollen, und loben Sie durch Zuneigung, durch Spielzeug. Und spielen Sie heute viel. Denken Sie daran: Sie selbst sind eine wichtige Ressource, eine Ressource, die Sie immer dabei haben! Machen Sie sich wichtig für Ihren Hund – er erwartet es von Ihnen!*

Es gibt heute kein Futter, wenn er Lob erwartet, dann loben Sie ihn mit Ihrer Stimme, kraulen und streicheln ihn, aber nur wenn er das mag. Nur dann ist das wirklich eine Belohnung! Lassen Sie Ihren Hund heute nicht mit anderen herumtoben, um sich seine Bedürfnisse selbst zu erfüllen. Tollen Sie mit ihm herum, spielen Sie.

Dieser Tag ist für Sie und Ihren Hund völlig anders. Ihr Hund wird vielleicht zum erstenmal verstehen: „Mein Mensch bestimmt über die Dinge, die ich gerne haben möchte." Der Weg zum „Hundeglück" führt über Sie – heute und während der nächsten Tage. Es ist wichtig, dass nicht nur an diesem Tag die Familienmitglieder mitziehen. Die Wirkung dieser Übungen ist am größten, wenn es keine Schlupflöcher gibt. Es ist sonst genauso kontraproduktiv, wie wenn Papa etwas anderes erlaubt als Mama, und bei Oma und Opa nochmals andere Regeln gelten.

Das ganze 30-Tages-Programm hat zum Ziel Ihrem Hund endlich die notwendige Klarheit zu geben, wie angenehmes Zusammenleben funktioniert. Für ihn und für Sie! Die Qualität Ihrer Bindung und Kommunikation mit Ihrem Hund, hängt davon ab, wie zuverlässig Ihr Hund von sich aus den Kontakt zu Ihnen herstellt.

Leinenführigkeit als Übung für mehr Kontakt nutzen

Experiment: *Am besten gelingt dieses Experiment, wenn Ihr Hund sich schon gelöst und ausgelaufen hat. Am besten an einem sicheren Ort ohne Leine. Dann können Sie auf die üblichen Neins (ertappt?) am Morgen verzichten. Sie nehmen den Hund an die Leine und üben die Leinenführigkeit (Leinenführigkeit heißt, der Hund lässt sich angenehm ohne zu ziehen an der Leine führen) nun auf eine andere Art. Das Zwischenziel heute und die nächsten Tage ist es nicht, Ihrem Hund das An-der-Leine-Laufen ohne zu ziehen beizubringen. Ihr Ziel ist es, Ihrem Hund begreiflich zu machen, dass sein Verhalten stets eine Konsequenz für ihn hat. Denn gute Kommunikation hat immer etwas mit Wirkung zu tun!*

Wenn er zieht, bleiben Sie einfach stehen. Bleiben Sie standhaft stehen, denn wenn Ihr Hund merkt, dass sein Ziehen einige Zentimeter Raumgewinn bewirkt, wird er es tun – meist sogar stärker und öfters. Sie erinnern sich noch an den Süßwarenautomat mit dem Riegel? Wichtig dabei: Sie ziehen Ihren Hund keinesfalls aktiv zurück. Sie bleiben einfach nur stehen, ohne dass Sie die Leine nachgeben – möglichst keinen Zentimeter. Bei einem größeren Hund wird dieser Übungstag zu Ihrem Krafttrainingstag und zum „Tag des festen Standes" werden. Übrigens ist fester Stand eine Haltung, die Führungswille und Souveränität ausdrückt. Sie werden bei dieser Übung kaum vorankommen, wenn Ihr Hund ein Leinenzieher ist. Denn erst, wenn die Leine locker wird – der Hund gibt nach, nicht Sie – geht es wieder vorwärts. Am Anfang ist das oft nur ein einziger Schritt. Sie brauchen nichts sagen, nur etwas Leine geben. Wenn Ihr Hund auf Sie zukommt, dann loben Sie ihn aber besonders. Gehen Sie am besten auf die Knie und spielen mit ihm. Brechen Sie dieses Spiel aber mit einem Kommando ab, sinngemäß „So, das reicht jetzt", und weiter geht es mit der Übung. Wenn Sie diese Übung am Fastentag machen, denken Sie daran, kein Futter zu geben.

Experiment: *An einem nicht Fastentag werfen Sie die Futterbelohnung ein Stück entgegen der Zugrichtung des Hundes und Laufrichtung hinter sich. Das bremst den Vorwärtsdrang beim Ziehen zusätzlich, und der Hund orientiert sich mehr nach hinten. Diese einfache Übung ist anstrengend. Sie müssen sich konzentrieren. „Ziehen" Sie es trotzdem durch. Der Lohn ist, wenn Sie konsequent weiterüben, ein Hund, der kaum zieht, denn er versteht, dass Ziehen nichts* bringt. Wichtig bei diesem Experiment: Sie müssen den Zeitpunkt, wenn Ihr Hund „den Zug rausnimmt", augenblicklich erkennen. Wirklich augenbliklich, am besten mit einer Reaktionszeit unter einer Sekunde.

Ein Tipp: Sie werden so nicht vorankommen auf Ihrem Gassigang, das nervt! Bevor es Ihr Hund besser kann, wird er ziehen. Lassen Sie Ihren Hund deshalb zusätzlich zu dieser Übung bewusst ziehen (am besten dann am Geschirr). Wenn Ihr Hund nun zieht, sagen Sie das Kommndo „Zieh" und loben dieses Verhalten. Aber trennen Sie die Übungen von „Zieh" und „Nichtziehen" deutlich.

Aufmerksamkeit fördern, den ganzen Tag

Experiment: *Sie werden heute nur aktiv, wenn der Hund Sie direkt anschaut. Der direkte Augenkontakt steht für aktive Kontaktaufnahme von Seiten des Hundes. Ihr Hund möchte morgens raus. Er kann hin und her rennen, wie er will. Setzen Sie sich z. B. auf die Treppe. Erst wenn Ihr Hund Sie anschaut (nicht anspringt oder Sie sonst wie auffordert – verwehren Sie dieses Verhalten aber nicht mit einem „Nein". Sie reagieren einfach nicht!) legen Sie die Leine um. Auch die Tür geht nicht vorher auf, auch nicht durch Kratzen oder Jaulen oder Vordrängen. Sie warten – gelassen. Immer erst bei Augenkontakt geht es weiter.*

Wenn er an der Tür vordrängt, machen Sie es ähnlich, wie bei der Übung zur Leinenführigkeit. Sie halten Ihren Hund zurück, ohne dass die Leine nachgibt.

Nur Sie erfüllen die Bedürfnisse Ihres Hundes – für Augenkontakt

Experiment: *Heute und die nächsten Tage wird Ihr Hund mit Futter, mit richtig leckerem Futter, belohnt. Sie füttern Ihren Hund heute ausschließlich seine gesamte Futtermenge (das geht am einfachsten mit Trockenfutter – Rohfütterer müssen hier kreativer sein) aus der Hand. Aber ausschließlich dafür, dass Ihr Hund Sie anschaut – nicht anspringt oder sonst etwas.* An dieser Stelle noch ein Wort zu gutem Belohnungsfutter. Es ist logisch, dass ein Futter umso mehr als Belohnung taugt, je besser es Ihrem Hund schmeckt. Doch ist gibt noch weitere

Kriterien: Das Futter muss weich und klein genug sein, so dass es der Hund schnell verschlingen kann. Kauen unterbricht die Trainings-Konzentration. Das Futter muss aber groß genug sein, dass es Ihnen nicht durch die Finger rutscht. Sonst trainiert Ihr Hund Futter suchen nach versehentlich Fallengelassenem. Gleich große Stücke erleichtern das sichere Handling beim Belohnen.

Bestätigen Sie heute nichts anderes als den Augenkontakt. Also üben Sie heute kein Sitz, Platz und Ähnliches. Wenn Ihr Hund Sie aber beim Sitz oder aus einer anderen Position heraus von sich aus anschaut, belohnen Sie ihn. Auch beim An-der-Leine-Laufen, wenn er Sie anschaut.

Auch heute müssen sich andere zurückhalten. Es fällt Ihrem Hund einfacher, eine neue Übung von einer Person zu lernen. Hat der Hund es erst einmal sicher gelernt, wird er das Kommando auch von anderen Menschen verstehen.

Wichtig dabei: Sie werden erst aktiv, wenn der Hund den Augenkontakt zu Ihnen herstellt. In dem Moment, wo Ihr Hund Sie anschaut, sagen Sie freundlich „Richtig" (oder ein anderes kurzes Wort, welches für Sie Lob ausdrückt). Erst dann geben Sie das Futter. Es ist wichtig, zuerst das Lob als Ankündigung für die Belohnung zu geben. Zwischen Lob und Futtergabe können einige Sekunden liegen. Das hat den Vorteil, dass der Hund nicht ständig auf die Futterhand oder Futtertasche giert. Der Hund soll zu Ihnen die Bindung aufbauen und Sie nicht als „dumme" Futtermaschine betrachten, die es nur „anzustupfen" gilt!

Natürlich darf Ihr Hund in dem Moment, in dem Sie „Richtig" sagen, den Augenkontakt lösen. Er darf ihn auch halten oder sonst etwas tun. Wenn Sie diese Übung einige Male gemacht haben, wird er nichts anderes tun, als auf sein Futter zu warten. Falls Ihr Hund Ihre Futterhand oder Ihre Futtertasche anstupft, schließen Sie Ihre Hand oder drehen sich weg und sagen nur freundlich „Schade" (oder ein anderes Wort, was anzeigt, dass dieses Verhalten nicht das ist, was Sie erwarten. Sie brauchen dafür kein „Nein" das wäre sogar kontraproduktiv – Ihr Hund soll verstehen! Schaut Ihr Hund Sie dann nach dem „Schade" an, loben Sie ihn. Geben Sie ihm aber kein Futter. Futter gibt es nur, wenn er Sie aus eigener Motivation ohne Kommando anschaut. Vergessen Sie nicht: Sie sagen auch heute kein „Nein" für ein falsches Verhalten. „Nein" bleibt dem Abbruchkommando vorbehalten. Sie können das Futter immer häufiger als Belohnung auf den Boden werfen – nicht zu weit vom Hund entfernt. So beginnt die Übung „Augenkontakt" immer wieder von Neuem, da der Hund das Futter aufnimmt. Wenn Sie die Bestätigung des Augenkontaktes konsequent durchführen, wird Ihr Hund Sie sehr bald häufiger anschauen. Nun haben Sie die Grundlage für weitere Experimente geschaffen. Denn es ist wie in einem Gespräch: Erst, wenn ich Verbindung aufbauen und halten kann, kann der Austausch (in beide Richtungen!) stattfinden.

Heute fordern Sie noch mehr – eine längere Konzentrationsspanne

Experiment: Es gilt für Menschen und Hunde: Je länger wir uns konzentrieren können, umso effektiver lernen wir. Trainieren Sie deshalb den Augenkontakt weiter. Verlängern Sie dabei die Zeit, bis Sie Ihr „Richtig" sagen. So lernt Ihr Hund den Augenkontakt länger zu halten. Wenn Sie diese Übung regelmäßig machen, schaffen Sie eine sehr gute Grundlage auch für eventuelles Sporttraining.

Anschauen auf Kommando

Experiment: Dieses Experiment steht exemplarisch dafür wie Wortkommandos eingeführt werden können. Ziel ist, dass Sie erreichen, dass Ihr Hund Sie auf das Kommando „Schau" sofort anschaut.

Heute bringen Sie Augenkontakt und das Signal „Schau" (oder wie Sie schon wissen mit einem anderen kurzen Wortkommando) zusammen. Testen Sie, ob es schon funktioniert. Durch die Übungstage davor, wird Ihr Hund von sich aus den Augenkontakt häufiger anbieten. Sie müssen genau zu dem Zeitpunkt, bei dem Ihr Hund Sie anschaut „Schau" sagen. Hält Ihr Hund den Blick (das wird er tun) sagen Sie nun „Richtig" und belohnen Ihren Hund wie gehabt mit Futter. Werfen Sie das Futter immer häufiger auf den Boden. Er wird die Chance nutzen, sofort nach dem Fressen den Augenkontakt wieder herzustellen. Es ist erstaunlich, wie schon nach kurzer Zeit jeder Hund lernt, das Kommando „Schau" zuverlässig auszuführen. Der nächste Übungsschritt ist, nun wieder mehr und mehr Schwierigkeiten einzubauen, indem Sie sich bewegen und mehr und mehr Ablenkungen einbauen. Eine gute Übung ist z. B.: Zwei Hunde sitzen dicht nebeneinander. Auf „Schau" muss Ihr Hund den Augenkontakt zu Ihnen herstellen und muss ihn halten, obwohl der andere Hund weitergeführt wird. Ihrer Experimentierfreude mit Ablenkung sind keine Grenzen gesetzt.

Nutzen Sie für diese einfache Übung von Zeit zu Zeit den Jackpot.

2. Woche: Bindung und Verstehen weiter stärken

Erhöhen Sie die Anforderungen

Experiment: *Bringen Sie mehr und mehr Ablenkung ins Spiel. Vergessen Sie dabei nicht: Aufmerksamkeit aus Eigenmotivation ist stabiler als eingeforderte und erzwungene Aufmerksamkeit (Grundsätzlich können Sie aber nur etwas erzwingen, was der Hund schon kann). Sie kennen es noch aus der Schule: Das „Jetzt passt auf" ist nur nötig, wenn die Schüler nicht eigenmotiviert sind. Ein spannender, guter Unterricht braucht keinen Zwang – nur Regeln und Führung.*

Wenn die Ablenkung zu viel war, gehen Sie nochmals kurz einen Schritt zurück.

Üben Sie tauschen

Experiment: *Beispielsweise Ball gegen Ball. Dabei nutzen Sie das natürliche Verhalten, dass ein von Ihnen „belebtes" Spielzeug interessanter für den Hund ist als das unbewegte Spielzeug. Sie tauschen immer das ruhig gehaltene Spiezeug gegen das bewegte! So können Sie Ihrem Hund Tausch als guten Deal „verkaufen". Wichtig: Üben Sie Tauschen anfänglich mit zwei gleichen oder wenigstens gleichwertigen Spielzeugen. Wenn das gut klappt, üben Sie, hochwertiges Futter gegen Spielzeug einzutauschen. Je besser Ihr Hund das Tauschen verstanden hat, desto öfter ist er selbst für zunächst schlechtere Deals bereit. Alles in der Gewissheit, dass ein ausnahmsweise schlechter Deal, sich später durch den Jackpot* *auszahlen kann. Diese Dealübung ist die perfekte Vorbereitung um später auf den Hasen zunächst verzichten zu können – es könnte ja noch etwas Besseres kommen. Wichtig: Bauen Sie dieses Experiment spielerisch auf und nutzen Sie nicht Ihr Abbruchkomando, um das Spielzeug auszugeben. Es ist nicht nötig! Spielmotivation und Beutemotivation ist für die meisten Hunde hochwertiger als Fressen. Vor allem, wenn diese Beutemotivation trainiert wird. Je schmackhafter Sie Beutefang und -zerrspiele machen, umso mehr können Sie diese im „Ernstfall" als Belohnung einsetzen. Mein Hund beispielsweise, findet selbst einen alten Maisstrunk zwischenzeitlich weitaus attraktiver als jedes Wild (Foto am Anfang des Buches)! Werfen Sie die Beute nicht! Sie spielen im engen Kontakt, sonst entfernen sich viele Hunde mit der Beute und bringen sie in Sicherheit, und Sie bleiben außen vor. Spielzeuge, beispielsweise Beißwürste an einer längeren Schnur, sind für viele Hunde äußerst attraktiv und für Sie als Spieler einfach zu „beleben". Sie müssen sich aber im Klaren darüber sein, dass Sie mit Beutespielen die Erregung Ihres Hundes erhöhen. Solange Sie die Erregung nicht kontrollieren können, sind Beutespiele besonders in „reizvoller" Umgebung mit Verstand einzusetzen.*

Verbringen Sie exklusive Zeit mit Ihrem Hund bei besonderen Unternehmungen

Experiment: *War Ihr Hund schon einmal im Baumarkt? War Ihr Hund schon einmal mit Ihnen im Wald beim Baumstamm balancieren oder Gräben überwinden? Waren Sie schon mit ihm auf einer Großveranstaltung, in einem Wildgehege oder Tierpark? Selbst für selbstsichere Hunde, die viel gewohnt sind, ist ein Elefant zunächst ziemlich groß (Münchner Zoo). Grundsätzlich gilt: Fordern Sie Ihren Hund, aber überfordern Sie ihn nicht. Ihre Gelassenheit soll sich auf Ihren Hund übertragen. Ihre Souveränität in neuen Situationen macht Sie „bewundernswert" für Ihren Hund. Es geht Ihrem Hund wie Ihnen: Gerade in einer fordernden Situation bindet man sich an Partner, die Sicherheit ausstrahlen und Zuspruch geben. Das Lernen durch Vorbilder ist ein Lernprinzip, das alle Säugetiere ausgeprägt besitzen. Es geht dabei weniger darum, die neuen Umgebungen als Ablenkung für Gehorsamsübungen zu nutzen, sondern stets dem Hund zu signalisieren: Wenn ich dabei bin, kannst du „runterkommen", dich entspannen – Aufregung und Stress ist nicht nötig.*

Fordern Sie von Zeit zu Zeit Gehorsam ein

Experiment: *Fordern Sie: Futtermeiden, das Warten an einem bestimmten Punkt, das Zurückbleiben …. Sie bestehen konsequent auf den Dingen, die Sie fordern. Belohnen Sie Übungen, die Ihr Hund schon gut kann nur selten – und dann völlig unerwartet. Sie bekommen ja auch nicht von Ihrem Chef, wenn Sie einen haben, für Routinearbeiten einen großen Geschenkkorb – und wenn es doch einmal so wäre, würden Sie sich sicherlich freuen.*

Nun zum Stopp- oder Abbruchkommando. Dieses setzen Sie immer nachdrücklich durch. Es ist durchaus erwünscht, dass Sie dabei den Hund im Trieb dämpfen. Hier gibt es kein „Schade" (S. 70) im Ernstfall, sondern Pflicht wird eingefordert. Nachdrücklich souverän, ohne Hektik und Geschrei. Ihre Haltung überträgt sich auf Ihren Hund! Experimentieren Sie ohne Futter oder Spielzeug zu bestätigen. Das macht viele Hunde ruhig und sachlich! Damit der Unterschied ganz klar wird: Lernen Sie eine neue Übung müssen Sie die Motivation fördern und erhalten – Fehler machen ist dabei erlaubt auf dem Weg zum Ziel. Nutzen Sie Ihre „Motivatoren" um die Erregung Ihres Hundes gezielt hochzuhalten. Wenn diese Übung dann wirklich sitzt (auch schon unter Ablenkung!), kann die Übung auch eingefordert werden. Ihr Hund versteht den Unterschied, keine Sorge.

Einfrieren, stoppen üben

Experiment: *Ihr Hund wird durch diese Experimente immer mehr die Bereitschaft entwickeln, Sie zu beobachten und Ihre Haltung als Richtschnur für seine Haltungen zu spiegeln. Das können Sie testen, indem Sie beim Spaziergang normal vorangehen und plötzlich regungslos stehenbleiben. Ihr Hund wird mit einem ähnlichen Verhalten reagieren. So ähnlich, wie Sie in einer Menschengruppe das Hochschauen auslösen können. Schauen Sie plötzlich erstaunt nach oben, werden es alle nachmachen. Für die Wirkung wichtig: Sie müssen glaubhaft schauspielern, so als wären Sie wirklich überrascht. Ein Lautausdruck des Erstaunens , ein Luftanhalten macht es noch glaubhafter. Hunde lieben gute Schauspieler! Besonders Schauspieler, die in ihrem Wesenskern souverän und gelassen sind und einem mit ihrer Ausdrucksstärke in den Bann ziehen.*

Bestätigen Sie das kurze Innehalten Ihres Hundes sofort. Je schneller Ihnen das gelingt, umso schneller wird Ihr Hund reagieren. Diese Stopp(kommando)übung macht Sie für Ihren Hund interessant – als ein Führer, der die Umwelt beobachtet.

Übrigens: wenn Ihr Hund einen geworfenen Ball direkt und dicht zurückbringt, können Sie den Ball in die Gegenrichtung zur Laufrichtung werfen. Das ist eine besonders attraktive Bestätigung und macht das Zurückbringen lohnenswert

Angefasst werden, lohnt sich

Experiment: *Es gibt die Theorie, dass Menschen als Primaten (Affenabkömmlinge) und Hunde als Wolfsabkömmling ein grundsätzliches Kommunikationsproblem haben. Primaten wollen Körperkontakt, sich umarmen und lausen. Wölfe dagegen haben andere Formen des Sozialkontakts. Wie in vielem liegt darin ein Stück Wahrheit. Aber: Mensch und Hund sind äußerst anpassungsfähig. Ich habe einen Bekannten, der ist Organist, und sein kleiner Hund ist es gewohnt, stundenlang bei Orgelproben und sogar bei Konzerten dabei zu sein – mucksmäuschenstill und gelassen, froh dabei sein zu dürfen. Vom Wolf ist das ziemlich weit entfernt – wie eigentlich alle Dinge, die wir mit unseren Hunden tun.*

Zurück zum Experiment: Den Körperkontakt und besonders das Kopfstreicheln als angenehm zu empfinden, müssen viele Hunde erst lernen. Gerade schnelle Bewegungen Richtung Kopf sind fast allen Hunden zunächst unangenehm. Und doch machen es so viele Hundebesitzer in guter Absicht. Bedürfnisse sind halt verschieden! Passend dazu ein Gedanke zum sogenannten Schnauzengriff. Es ist das nachdrückliche Signal eines erwachsenen Hundes, etwas sein zu lassen. Wenn ein zu langsamer Hundeführer diesen Schnauzengriff (so wie es in vielen Hundebüchern als die einzig erlaubte „wölfische" Strafe empfohlen wird) imitieren möchte, wird er unbeabsichtigt Meideverhalten auslösen. Dabei wäre ein kurzes, schnelles Zwicken oder Stupsen in die Seite wirkungsvoller, wenn es schon sein muss. Wir können Dinge, die der „Wolf" nicht kann und umgekehrt. Wir müssen uns auf die Dinge fokussieren, die wir können und die gewünschte Wirkung zeigen. Der Hund hält uns nicht für einen Artgenossen, sondern für das, was wir sind. Leider viel zu oft ein verkopftes, langsames und auf zwei Beinen stehendes Wesen, das unklar kommuniziert. Übrigens: Der „Hundehintern" wird von vielen Hunden gerne zum Kraulen hingestreckt. Körperkontaktübungen beginnt man deshalb von hinten und arbeitet sich langsam Richtung Kopf vor.

Ziehen Sie Ihren Hund am Halsband zu sich her, entschlossen und nicht „liebevoll sanft". In dem Moment, in dem er dicht bei Ihnen ist, belohnen Sie ihn hochwertig. Nach zwei, drei Mal, wird er das Heranziehen, nicht mehr als unangenehm empfinden, sondern auf seine Belohnung warten. So lernt Ihr Hund: kurze „Eingriffe" können Positives ankündigen, also kein Grund zur Panik. Diese Übung hilft auch beim Anleinen Ruhe hinein zu bringen.

Sinnvoll auch hier: Dehnen Sie den Zeitraum aus, bis Sie belohnen.

Ihr Hund riecht mehr als Sie, vertrauen Sie darauf

Experiment: *Wie Sie das Anti-Gift-Köder-Training zu einem spannenden Experiment machen.*

Ihr Hund kann besser riechen als Sie. Nutzen Sie diese Fähigkeit, um das „Futteranzeigen" aufzubauen. Das Übungsziel ist: Ihr Hund riecht etwas, er zeigt es an und bekommt für das Anzeigen eine Belohnung. Zollspürhunde freuen sich auch nicht über das gefundene Geld oder suchen Drogen in der Erwartung auf einen guten Tripp. Sie erwarten eine hochwertige „tierische" Belohnung.

So bauen Sie das Experiment auf: Sie legen auf Ihrem Spazierweg Futter am Wegrand aus, aber bevor Sie diesen Weg mit Ihrem Hund gehen. Nun gehen Sie mit dem Hund diesen präparierten Weg entlang. Sobald Ihr Hund das Futter wahrnimmt, uns wird er das mit einer Kopfbewegung anzeigen, genau in diesem Moment, loben Sie ihn überschwänglich dafür, und er bekommt eine hochwertige Belohnung. Sie müssen am Anfang nur aufpassen, dass sich Ihr Hund den Futterhaufen nicht selbst holt, sichern Sie das mit der Leine ab. Wichtig bei diesem Experiment ist, dass Sie kein „Nein" sagen oder mit der Leine einwirken! Ihr Hund soll das Futter freudig anzeigen und über einen längeren Zeitraum für dieses Verhalten jedesmal eine Belohnung bekommen. Sie müssen keine Angst haben, dass dieses Experiment das andere Experiment (S. 55) beeinträchtigt. Auch wird Ihr Hund das Belohnungsfutter auf der Fährte (eine Hundesportdisziplin) nicht anzeigen. Hunde können verschiedene Situation klar unterscheiden.

Experiment: Übrigens können Sie dieses Experiment auch auf Wildspuren oder Wildgerüche übertragen. Ganz wichtig dabei ist, dass Sie wirklich stets innerhalb eines kurzen Zeitfensters auf das Anzeigen reagieren. Es versteht sich von selbst, dass Sie diese Übungen nicht mit einem noch „geladenen" Hund mit noch großem Bewegungsdrang üben.

Der sichere Rückruf

Experiment: Sie haben sicherlich schon erlebt, dass Hunde sich „emotionale Highlights" besonders gut merken können. Einmal auf einer Wiese zum Jagen durchgestartet und schon ist gerade diese Wiese interessant – für lange Zeit und manchmal für das ganze Leben. Nutzen Sie dieses Erinnerungsvermögen: Geben Sie Ihrem Hund an einer bestimmten Stelle oder in einer bestimmten Situation die ultimative Belohnung, wird er sich das merken können. Das funktioniert nicht nur für positive, sondern auch für negative Erlebnisse – „die heiße Herdplatte", genau! Dass ein Rückruf zu Ihnen positiv aufgebaut werden sollte, versteht sich deshalb von selbst. Mann/Frau/Hund kommt zu den Dingen schnell her, die gut sind. Mann/Frau/Hund bleibt von den Dingen weg, die unangenehm sind.

Bauen Sie den Rückruf mit einem neuen Kommando oder mit der Pfeife auf. Ziel muss es sein, den Hund beim ersten Zurückkommen mit „der tollsten Party der Welt" zu belohnen. Das prägt. Nun rufen Sie Ihren Hund mit dem neuen Kommando, aber freundlich. Die Entfernung soll zunächst nur wenige Schritte betragen, die Ablenkung gering sein. Sobald Ihr Hund sich zu Ihnen orientiert, gehen Sie zudem einige Schritte zurück (Ihr Hund folgt Ihrer Bewegung) und in die Hocke und belohnen ihn überschwänglich. Zur „tollsten Party" gehört alles, was für den Hund tollste Party ist: Sicherheit, Zuneigung und beste individuelle Belohnung. Dieses üben Sie nur ein, höchstens zweimal am Tag; aber nicht jeden Tag. Die tollste Party gibt es ja grundsätzlich selten. Erst wenn diese Übung zehn mal perfekt geklappt hat, steigern Sie die Entfernung und Ablenkung. So kann der Aufbau dieser Übung schon zwei bis drei Monate in Anspruch nehmen – diese Geduld wird sich aber auszahlen. Viele Trainer warnen aber davor, diese Übung später eindrücklich einzufordern, das heißt zu strafen, wenn der Rückruf nicht augenblicklich befolgt wird. Das ist oft dem Trend nach positiver Bestätigung geschuldet. Meine Erfahrung ist dagegen, dass bei den meisten Hunden diese Übung noch sicherer wird, wenn man den schnellstmöglichen Rückruf notfalls über eine angemessene Strafe (das geht nur auf kurze Entfernung) einfordert. Entgegen der „Theorie", dass das den schnellen zuverlässigen Rückruf zerstört, kommen die Hunde noch schneller. Auch ist es nicht nötig, wenn der sichere Rückruf „eingebrannt" ist, diesen immer zu bestätigen. Gelernt ist gelernt. Wichtig, dieser sichere Rückruf ist kein Alltagssignal. Es gibt Monate, wo ich dieses Signal bei meinen Hunden nicht brauche. Fordern Sie dieses Signal aber wenigstens einige Male im Jahr. Es ist der Test, ob alles noch funktioniert.

3. Woche und später: vor allem Deal-Situationen üben

Das Alte weiterüben

Experiment: *Die Experimente der zweiten Woche trainieren Sie weiter, bis das neue Verhalten immer mehr in Fleisch und Blut übergeht. Die Augenkontakt- übungen bauen Sie künftig in viele Übungen mit ein. Wenn Sie diese gut geübt haben, wird Ihr Hund es sowieso mehr von sich aus anbieten. Sie erinnern sich: Grundsätzlich fördert Wiederholung das Lernen– aber nicht, wenn Sie den Hund mit zuwenig Anforderung langweilen. Sie erhalten die Motivation, indem Sie flexibel und nicht immer bestätigen.*

Handkontakt üben
Experiment: *Auf ähnliche Art, wie Sie den Augenkontakt aufgebaut haben, können Sie nun üben, dass Ihr Hund Ihre Hand (oder sonst ein bestimmtes Target = Ziel) gezielt berührt. Sie halten Ihre offene Hand (ohne Futter!) dem Hund in die Nähe seiner Nase. Sobald der Hund dieses Target (die ersten Male) zufällig*

berührt, bestätigen Sie sein Verhalten. Er wird es tun, denn auch Ihr Hund wird sich mit der Nase davon überzeugen wollen, ob Ihre Hand lecker riecht. Das Futter als Belohnung geben Sie immer mit der anderen Hand oder Sie werfen es vor ihm auf den Boden. So lernt Ihr Hund schon nach wenigen Wiederholungen, Ihre Hand zu berühren. Halten Sie bald Ihre Hand an verschiedene Stellen und machen Sie es Ihrem Hund schwerer und schwerer. Es ist immer das gleiche „Strickmuster", um Verhalten aufzubauen. Dann führen Sie bald wieder das Wortkommando ein. So kann der Handkontakt zum „Pattex"-Signal werden. Dieses Signal kann Ihnen in Ablenkungssituationen gute Dienste leisten, beispielsweise an einem Hund ruhig vorbeizugehen, da Ihr Hund mit „Pattex" an Ihrer Hand klebt.

Leine nutzen, wenn Sie keine brauchen

Experiment: *Die meisten Hunde verbinden Leine mit „Hier gibt es etwas Spannendes, was ich nicht darf, deshalb muss ich jetzt an die Leine". So ist Ihr Hund nicht auf die Welt gekommen – Sie haben es ihm beigebracht. Dieses Verhalten ist aber nicht hilfreich für Sie. Deshalb üben Sie vieles immer wieder an der Leine und, wie Sie schon wissen, an unterschiedlichen Leinen. So durchbrechen Sie das Muster „Aha (Schlepp-)Leine, also muss ich mich benehmen"; „Aha Leine, mein Mensch ist mächtig. Ich muss nur warten bis die Leine weg ist, dann bin ich es auch wieder und nehme mir meine Freiheit!"*

Der Schweigetag

Experiment: *Es wurde schon gesagt: Fast alle Hundeführer überschätzen die Wirkung Ihrer Wortkommandos. Warum nicht immer wieder auf Wortkommandos völlig verzichten und beim Spaziergang den Hund nur durch Haltung führen? Ihr Hund richtet sich nach Ihrer Laufrichtung, nach Ihren Schultern, nach Ihren Handgesten, nach Ihrer Körperbeugung. Hunde würden auch auf einen verkehrsregelnden Polizisten recht gut reagieren. Vor allem auf einen der ruhig und souverän klare Zeichen gibt. Es macht Spaß, bei aller Ernsthaftigkeit, einen Hund nur durch Gesten ohne Worte zu führen. Sie trainieren so Ihre Ausdrucksstärke und Kommunikationsfähigkeit.*

Hinten bleiben

Experiment: *Ein wichtiges Kommando gerade für den Freilauf ist das „Hinten". Ziel ist es, dass der Hund Ihnen entspannt mit wenig Trieb folgt – ruhig und im Schritt. Hinterherlaufen ist nützlich beim Wandern, beim hinter dem Pferd Laufen und immer dann, wenn es an reizvollen Dingen vorbeigeht.*

Wer voran geht, führt. Wer folgt, kann sich entspannen. Dieses Prinzip machen wir uns beim „Hinten" zunutze.

Und so wird's trainiert: Selbstverständlich üben Sie „Hinten", wie alles zu Beginn, unter wenig Ablenkung. Am besten dabei ist, wenn Ihr Hund in einer entspannten Stimmung ist. Sie stellen sich vor Ihren Hund, mit dem Rücken zu ihm. Der Abstand zu Ihnen sollte mindestens einen Meter betragen. Wenn er zu dicht aufschließen möchte oder sogar überholen, geben Sie ihm ein Körpersignal: Sie drehen sich zu ihm um und bringen Ihren Hund mit entschlossener Geste zum Zurückweichen. Je größer, je „machtvoller" Ihre Körperhaltung ist, umso klarer ist es für Ihren Hund. Zurückweichen heißt keinesfalls panisch zurückspringen – je nach Hund müssen Sie deshalb die Intensität Ihres Körperausdrucks justieren. Sie wollen ja Ruhe hinein bringen und nicht Hektik. Am wirkungsvollsten ist Ihre Haltung mit nach unten gehaltenen und leicht ausgebreiteten Armen, mit offenen Handflächen und den Fingern nach unten. Sobald Ihr Hund reagiert, können Sie das Wortkommando „Hinten" geben und so einführen. Fordern Sie das „Hinten" zunächst nur wenige Schritte weit, bis es Ihr Hund nach einiger Zeit minutenlang entspannt durchhalten kann. Vergessen Sie nicht, das „Hinten" durch ein anderes Kommando aufzulösen. Ein weiteres Kommando nutzen Sie auch, wenn Ihr Hund beim „Hinten" immer weiter „zurücktrödelt" oder sich „festschnüffelt". Durchstarten wird er aus dem „Hinten" übrigens weniger, als Sie vielleicht zunächst vermuten, bevor Sie mit „Hinten" experimentiert haben. Noch etwas Wichtiges zu Ihrer Haltung: Tun Sie so, als würden Sie Ihren Hund nicht beachten, während Sie vorangehen und Ihr Hund Ihnen mit „Hinten" folgt. Richten Sie den Blick erhobenen Kopfes auf den Weg, den Sie gehen wollen – Ihr Hund nimmt diese Signale wahr, vertrauen Sie darauf. Sie erinnern sich: Vieles in der Ausbildung ist geschickte Manipulation – der Hund denkt, er bestimmt die Situation in seinem Sinne.

Mitkommen oder Weiter

Experiment: Ein entspannter Hund beschäftigt sich gerne mit Dingen, die seinen Bedürfnissen entsprechen. Dazu bleibt er oft zurück. Das Kommando „Weiter" ist einfach zu trainieren: Sie machen es genau so, wie Sie einen Menschen zum Weitergehen auffordern würden. Machen Sie sich klar: Weitergehen ist nicht herkommen, deshalb wäre es kontraproduktiv mit Futter bei Ihnen zu bestätigen. Mit dem Arm können Sie die Richtung anzeigen, in die Ihr Hund weitergehen soll. Hunde verstehen es fast immer. Manche Hunde können durch zusätzlichen Futterwurf in die entsprechende Richtung bestätigt werden.

Das Kommando „Weiter" ist so wichtig, weil es triebdämpfender als das Kommando „Hier" ist. Mit „Hier" verknüpfen viele Hunde draußen Alarm. „Ich muss kommen, weil es Interessantes gibt – etwas, was ich übersehen habe". So wird das „Hier" zu einem Signal für Erregung. Und wie Sie schon wissen, schlägt ein erregter Hund viel leichter über die Stränge als ein ruhig entspannter. Mit „Weiter" laden Sie den Hund ein mit Ihnen unterwegs sein zu dürfen. Sie nutzen seinen natürlichen Meutetrieb. Im natürlichen Rudelverhalten ist das „Dranbleiben" viel wichtiger, als das dichte Herkommen.

Wenn Sie daran Spaß haben, können Sie Ihrem Hund auch links und rechts beibringen. Hunde verstehen Richtungen! So können Sie Ihren Hund beispielsweise aus Gefahrenbereichen dirigieren oder Jogger und Fahrradfahrer beeindrucken.

Triebkontrolle festigen

Experiment: Nehmen Sie das Lieblingsspielzeug Ihres Hundes. Nur anschauen ist für Ihren Hund zunächst noch erlaubt, nicht aber das Nehmen. Ihr Hund muss sich beherrschen. Anfänglich bestätigen Sie immer mit einem zweiten ähnlichen Spielzeug direkt bei Ihnen. Später darf er auch manchmal das Spielzeug, mit dem Sie die Ablenkung trainieren, nehmen. Oder Sie werfen dieses Spielzeug und der Hund muss warten. Je besser Ihr Hund sich beherrschen kann, umso weiter werfen Sie es. Unterbrechen Sie diese Übung von Zeit zu Zeit, indem Sie den Hund aus dem Trieb nehmen, also Pflicht einfordern. Zum Beispiel ruhig hinter

Ihnen herzutrotten. Sichern Sie am Anfang Ihren Hund an der Leine (Verletzungsgefahr: Leine ohne Schlaufe und Metallteile außer des Karabiner verwenden!) ab – denn er wird versuchen, das für ihn attraktive Übungsspiel fortzusetzen. Setzen Sie sich in diesem Fall deutlich durch, falls er durchstartet. So trainieren Sie Triebkontrolle. Lehrer der ersten Klassen haben oft das gleiche Problem. Sie müssen Bewegungsfreudige in den konzentrierten ruhigen Lernmodus bringen. Hektik und Schreien ist dabei niemals eine Lösung. Ruhige Konsequenz führt weiter!

Experiment: Nun lassen Sie dieses tolle Spielzeug einfach liegen. Es geht ruhig weiter. Auch auf dem Rückweg des Spazierganges gehen Sie an diesem Spielzeug vorbei. Holen Sie Ihr Spielzeug später ohne Hund. Durch Übungen dieser Art wird es Ihnen besser gelingen, Ihren Hund ruhig und souverän zu führen und Triebmuster zu verändern. Ihr Hund soll „zuhören". „Erfinden" Sie immer neue Ablenkungssituationen um Gehorsam zu testen. Nehmen wir an Ihr Hund schnüffelt angeregt, ohne dass er Sie wahrnimmt. Nun stehen Sie hinter ihm und sagen leise Ihr Kommando für Herkommen. Sie geben Ihm nur eine Chance! Wenn er diese nicht nutzt, setzen Sie sich durch. Nachdrücklich! Natürlich gibt es dafür nur ein „So ist's richtig" und nicht eine Bestätigung. Nun lassen Sie Ihren Hund wieder schnüffeln. Beim nächsten Mal wird er garantiert schnell reagieren. Machen Sie solche Übungen pro Spazierhang höchsten ein bis zwei Mal und das auch nicht jedesmal! Wenn er es kann, dann machen Sie es noch weitaus seltener.

Müdigkeit nutzen

Experiment: Powern Sie Ihren Hund aus – am besten geistig und nicht nur körperlich. Geistig anstrengend für Ihren Hund ist z. B. konzentriert zu trainieren oder eine Umgebung mit vielen Sinnesreizen, z. B. der Baumarkt, die Fußgängerzone, die Großbaustelle. Ein müder Zustand ist gut, um „reizvolle" Situationen zu üben. Dieser Zustand wäre für Sporttraining denkbar schlecht. Gerade das sinnvolle Auspowern kann ein Argument für den Hundesport sein – Sie kennen ja auch das wohlig entspannte Gefühl nach dem Sport. Danach gehen Sie auch nicht mehr gerne auf die „Pirsch". Mit der Form der gemeinsamen Beschäftigung regeln Sie das Energieniveau Ihres Hundes!

Gehen Sie den Schwierigkeiten nicht länger aus dem Weg

Experiment: *Trainieren Sie an vielen verschiedenen Orten. Gerade auch dort, wo Sie Probleme haben. Also, z. B. in der Dämmerung ab in den Wald mit dem Hund. Nimmt der Hund trotz Ablenkung (Sie bleiben ruhig und geben keine Kommandos) kurz Kontakt auf, kommt der Jackpot. Sie werden sich wundern, wie schnell Hunde sich an Rituale gewöhnen, wenn wir Ihnen Rituale anbieten statt Kommandos die nicht wirken! Hunde, die vorher nur wild an der Leine gezogen haben und in den Wald glotzten, suchen nun von sich aus den Augenkontakt und warten auf die Belohnung. Seien Sie kreativ mit solchen Experimenten. Sobald Sie das Prinzip verstehen, können Sie eigene Experimente, passend zu Ihrem Problem, erfinden. Letztlich dealt Ihr Hund immer und möchte (wie Sie) sein Leben so angenehm wie nur möglich gestalten. Und wenn Sie derjenige sind, der über die notwendigen Ressourcen verfügt, werden Sie der „King" sein. Seien Sie aber kein unverständlicher, despotischer Herrscher, sondern ein entspannt großzügiger, der einem das Leben angenehm macht – aber ein Herrscher, der in wenigen wichtigen Situationen nicht diskutiert, sondern bestimmt.*

Experiment: *Gehen Sie Schwierigkeiten nicht aus dem Weg. Stellen Sie sich den schwierigen Situationen mehr und mehr, wenn Sie sicher sind, dass Sie sich durchsetzen können. Ein Beispiel dafür: Ihr Hund verklafft den Nachbarshund aggressiv. Der falsche Weg ist, sich dann umzudrehen und so die Begegnung zu vermeiden. Ihr Hund signalisiert: „Endlich hat er es kapiert, mein Mensch. Dieser Hund ist unsympathisch, wir müssen kämpfen". Richtig ist, Sie lösen die Situation souverän, fordern ein Alternativverhalten – entweder Sie bestätigen Ihren Hund für ein sicheres Alternativverhalten z. B. Augenkontakt oder das zuvor sicher geübte „Pattex" oder Sie setzen sich einfach durch – entschlossen, in aller Ruhe und konsequent. Sie fordern „Platz" ein (aber nur, wenn Ihr Hund „Platz" als sicheres Kommando ausführt!), während der andere Hund im Abstand vorbeigehen kann. Denken Sie immer an Ihre souveräne innere und äußere Haltung, die sich auf Ihren Hund überträgt. Sie sehen schon, dass hier die Schwierigkeit und zugleich die Notwendigkeit des Übens liegen. Sie und Ihr Hund müssen gemeinsam diese Sicherheit in verschiedenen Situationen üben. Vom Einfachen zum Schwierigen. Diese Übung gelingt besser, wenn Sie zunächst mit einem entspannten Hund die Begegnungen üben und nicht gleich mit dem Lieblingsfeind.*

Der verblüffende Tag

Experiment: *Wenn Sie diese Experimente gemacht haben, wird bald der Tag kommen, an welchem Ihr Hund Sie verblüfft. Er reagiert auf eine Reizsituation völlig anders als gewohnt, er befolgt Ihr Kommando. Dieses müssen Sie so „markieren", dass dieser Tag, diese eine Situation, auch im Kalender Ihres Hundes unvergesslich bleibt. In diesem Kalender hatte er bisher seine liebsten Unarten als Highlights notiert. „Überschreiben" Sie diese Einträge mit entsprechender Anerkennung! Haben Sie deshalb die nächste Zeit und Wochen stets die „ultimativste Belohnung" mit dabei. Das absolute Lieblingsspielzeug, mehrere Näpfchen bestes Nassfutter. Katzenfutter schmeckt Hunden durch mehr Lockstoffe noch besser. Gönnen Sie Ihrem Hund das ungesund Leckere! Auch Sie genießen von Zeit zu Zeit. Und es ist Belohnung, nicht Ernährung.*

Ja, es stimmt, souveräne Wölfe belohnen nicht durch Futter. Aber Sie sind weder ein Wolf, noch ist Ihr Hund einer, noch leben Sie in der Wildnis. Machen Sie einfach das, was wirkt. Ihr Erfolg auf dem Weg, zeigt ob Sie es richtig machen! Sie werden erleben, wie Sie sich beide Schritt für Schritt verändern. Und das ist nur eine Zwischenstation zu noch mehr Zuverlässigkeit und gegenseitigem Vertrauen. Und so, wie sich Fehlverhalten verstärkt hat, wird sich nun gewünschtes Verhalten verstärken. Versöhnen Sie sich mit Ihrer Rolle als Hundeführer. Versöhnen Sie sich mit den individuellen Eigenarten und der Persönlichkeit Ihres Hundes. Bei aller Erziehung und Training – Ihr Hund wird Verhaltensweisen behalten, die Ihre klare Führung bedürfen! Führen Sie mit ruhiger Gelassenheit und Liebe zu Ihrem Hund. Dazu gehört auch das Grenzen setzen und sie einzufordern. So macht Ihr Hund mit Ihnen den besten Deal seines Lebens.

Noch zwei Zitate, die diesem Taschenbüchlein den Rahmen geben.

"*Denken ist nützlich, wenn es zum Handeln motiviert, und ein Hindernis, wenn es das Handeln ersetzt.*"

„*Ich höre (oder lese) und vergesse,
ich sehe und behalte,
ich handle und verstehe.*"

Zuletzt

Viele Gründe für ein Danke

Danke an die guten „Hundler", von denen ich lernen durfte und weiter lerne. Danke meiner Partnerin Dagmar Schneider: Ich profitiere von ihrem Wissen und besonders von ihrer Leidenschaft für Präzision im Training. Mit dieser Genauigkeit hat sie auch dieses Buch kritisch begleitet.

Danke an meine „Hundeschüler" und deren Hunde – so kann ich immer wieder überprüfen, was für unterschiedliche Teams am besten wirkt.

Danke an meine Hunde, die mir viel geben und zeigen, dass Hund niemals nach Bedienungsanleitung funktioniert, die mir zeigen, dass jede Beziehung immer individuell und neu ist – sie halten mich so am „Ball" und in Bewegung.

Danke für die Freiheit und Unabhängigkeit, dass ich mir mit meinem Hobby „Hund" kein Zubrot verdienen muss – so können die Experimente und Haltungen zur Hundeerziehung allen Leserinnen und Lesern auch ohne mich schnelle Erfolge bringen.

Und danke, falls Sie dieses Buch bewerten. Denjenigen, die mir alte, falsche oder sonstige seltsame Ansichten attestieren möchten, noch ein letztes „Überlegen Sie" auf den Weg, bevor Sie Ihre Bewertung abschicken:

Überlegen Sie: *Ansichten über Ausbildungskonzepte sind unerheblich gegenüber der „Ansicht", die das Mensch-Hund-Team tatsächlich ausstrahlt. Über Ansichten kann man theoretisieren. Was aber zählt, ist ein harmonisches Team, ein sicherer Hundeführer und ein Hund, der sich ausleben darf, weil er Grenzen kennt und respektiert.*

Wenn Sie Kontakt zu mir aufnehmen möchten: antijagd.training@gmail.com

Oktober 2017

Zuallerletzt

Platz für Ihre wichtigsten Erkenntnisse

*„Man kann einem Menschen nichts lehren, man kann ihm nur helfen,
es in sich selbst zu entdecken."*

Galileo Galilei

Machen Sie dieses Büchlein zu Ihrem eigenen. Ergänzen Sie es durch Ihre Beobachtungen und Experimente. Mit dem Zitat eines Humoristen hat es begonnen und so wird es mit Wilhelm Busch enden:

*„Wer in den Fußstapfen eines anderen wandelt,
hinterlässt keine eigenen Spuren."*

Vom Welpen bis zur alten Dame:
Gute Erziehung und ordentliches Benehmen
machen den Alltag angenehm –
für Mensch und Hund, daheim genauso
wie draußen in der freien Natur!